境外融资Ⅲ

欧洲上市新通路

高健智 著

清华大学出版社

北京

图书在版编目（CIP）数据

境外融资. Ⅲ，欧洲上市新通路 / 高健智著. -- 北京：清华大学出版社，2019
ISBN 978-7-302-52060-3

Ⅰ. ①境… Ⅱ. ①高… Ⅲ. ①企业融资 – 境外上市 – 研究 – 中国 Ⅳ.①F279.243

中国版本图书馆CIP数据核字(2019)第008124号

责任编辑：张立红
封面设计：潜龙大有
版式设计：水长流文化
责任校对：周冠楠
责任印制：丛怀宇

出版发行：清华大学出版社
　　　　　网　　　址：http://www.tup.com.cn，http://www.wqbook.com
　　　　　地　　　址：北京清华大学学研大厦A座　邮　　编：100084
　　　　　社 总 机：010-62770175　邮　　购：010-62786544
　　　　　投稿与读者服务：010-62776969，c-service@tup.tsinghua.edu.cn
　　　　　质量反馈：010-62772015，zhiliang@tup.tsinghua.edu.cn
印 装 者：三河市龙大印装有限公司
经　　销：全国新华书店
开　　本：148mm×210mm　印　张：7.25　字　数：162千字
版　　次：2019年9月第1版　印　次：2019年9月第1次印刷
定　　价：60.00元

产品编号：080225-01

　　上市无疑是许多中国企业的梦想，这不仅关系到企业的社会影响力，更关系到企业的可持续经营。然而，对于"在哪里上市"这个问题，很多中国企业却游移不定：在国内市场上市，不需要考虑监管、文化乃至法律上的差异，但却要面临较高的入市门槛；在国外市场上市，尽管其入市门槛较低，但却要面临各种市场不确定性。

　　就在很多中国企业为了上市目的地的选择而迟疑时，已经有一些有眼光、有魄力的企业用实际行动给出了自己的答案——赴欧上市。

　　2006年8月8日，正式成立仅9个月的昱辉光能公司在伦敦证券交易所另类交易市场上市；2015年5月5日，中德联合集团登陆法兰克福交易所，并成为中国第一家在德国上市的国有园区开发商；2018年4月10日，海尔集团董事会审议并通过了《青岛海尔股份有限公司关于企业拟在中欧国际交易所D股市场首次公开发行股票并上市的议案》……

　　然而，大多数中国企业对这些位于欧亚大陆另一端的交易机构的认识，还处于似懂非懂的混沌阶段。让更多中小企业认识欧洲资本市场，进而扫清赴欧上市的障碍，正是本书创作的初衷。

　　事实上，正如一些在心态上跃跃欲试，但又在行动上瞻前顾后的中国企业主所认为的一样，欧洲各大证券交易机构的确有很多复杂性，而正是这些复杂性决定了中国企业在赴欧上市前必须要做好相关"功课"。

　　首先，欧洲资本市场的投资主体较为多元。

　　优质的投资者队伍。在欧洲市场开展证券投资活动的市场主体并不限于英、法、德等欧洲国家的投资者，同时也有来自美国的投资者。通过和这些优质投资者的交易，上市公司固然可以通过构建多元化的股东基础，确保企业的长远利益。但并不是所有的投资者都对其所投资的企业怀有一颗"呵护之心"，当某些国家的投资机构为了一己之私而恶意做空中国赴欧上市公司的股票时，相关企业很有可能在初期无法确定对方的身份及背景，这就为后期的市场补救带来了障碍。

其次，强大的流动性会带来同样强大的不确定性。

企业上市，归根到底是为了从资本市场中获取资金，继而用于各项业务。而在资金方面，欧洲资本市场是继美国之后的世界主要投资资本来源地。但庞大的资金规模真的就是上市企业的福音吗？这并不见得。

2017年6月，视觉资本家（Visual Capitalist）发布了1份世界证券交易所地图。该地图中的数据显示，欧洲共有5家市值超过了1万亿美元的股票交易平台：伦敦证券交易所(3.27万亿美元)、纳斯达克—OMX北欧交易所(1.25万亿美元)、德意志证券交易所集团(1.74万亿美元)、瑞士证券交易所(1.49万亿美元)以及泛欧交易所(3.38万亿美元)。

资本天生就是逐利的。上市公司的股票可以因为受到资本的热捧而快速飙升，也可能因为资本的抛弃甚至恶意打压而重重跌下。而在允许涨跌幅度比中国大、交易手段比中国多的欧洲各大交易所，这种被"热钱"支配的不确定性会被成倍放大。

最后，"前松后紧"的监管体制向中国企业的适应性提出了挑战。

早在16世纪，比利时的安特卫普就出现了证券交易机构的雏形。而到了17世纪，荷兰人又在阿姆斯特创建了早期的证券交易所。随后，各式各样的证券交易所在欧洲如雨后春笋般发展起来。历经4个世纪的发展，欧洲大部分证券交易所已经度过了"严进严管"的全面审核制阶段，转而采用了"宽进严管"的一般审核注册制。而这种"前松后紧"的监管体制和中国"前紧后松"的监管环境正好相反，所以中国企业在上市伊始可能很难适应欧洲各国的监管环境。

　　本书先是从"融资难"这个困扰无数国内中小企业的难题出发，回答了"中国企业为什么要赴欧上市"的问题。接着又描述了欧洲资本市场的总体环境，并从上市前的准备工作、上市中的各项步骤、证券交易、证券结算、证券集中保管、市场监管，以及上市后的动态管理等多个方面入手，全面阐述了企业赴德国、英国、法国以及其他欧洲国家上市的流程，以期在最短的时间内，帮助读者全面、清晰、准确地了解欧洲证券市场的运作机制。

　　近年来，国家"一带一路"倡议的实施，为中国企业的国际化发展指明了方向。而英国、法国、德国等欧洲国家因处在"一带一路"倡议的西线，更成为中国企业在欧洲发展的热土。随着中国对外开放力度的加大，中国和欧洲各国之间的资本往来也会越来越密切。与此同时，欧洲主要的证券交易平台也瞄准了中国企业这只"潜力股"，主动和中国企业接洽。因此，我们现在可以自信地判断：中国企业赴欧上市，正当其时！

高健智

2018年8月9日

目 录
Contents

第1章

欧洲资本市场：
全球财富集散地

随着人民币加入"特别提款权"和"一带一路"倡议的实行，很多中国企业开始将融资的视角投向海外。除了一贯是大热门的美国市场，同样属于发达经济体的欧洲资本市场也正在成为中国企业的融资平台。自身体量大、流动性强、门槛低、欧元汇率正处在低位，正是很多国内企业特别是中小企业赴欧上市的原因。本章就将围绕国内中小企业的融资现状、欧洲资本市场环境两大主题进行集中论述。

1.1　困扰无数中小企业的融资难题

截至2018年初，中国登记注册的中小企业数量已经超过1000万家，占所有注册公司数量的90%。与此形成鲜明对比的是，广大中小企业长期受制于"融资难、融资贵"的现状，而这也正是国内中小企业赴欧上市的逻辑起点。

1.国内中小企业融资难的表现

俗话说：一分钱难倒英雄汉。对于国内中小企业来说，尤其如此。无论是上游的采购环节，还是下游的市场拓展环节，资金都是必不可少的助力。但现实是，很多中小企业在面对资本市场时，总会显得人微言轻，弱势的地位势必会导致疲软的融资状态。

（1）融资环境严苛

中国的证券市场对于新股的发行一贯严格遵循"计划经营、总数管控"的方针。从1997年起，证券主管部门不再对股票发行总量进行限制，但对新上市公司的数量进行了规定。为了高效筹措资金，各地区、各部门争相推荐大企业上市，这就积压了中小企业上市的空间。类似地，我国的企业债券市场也受到了政府的严格管控，央行、证监会对企业债发行的期限、种类、利率、资格都做出了严格的规定，很多中小企业都达不到相关标准，因而也就不具备发行企业债的资格。

（2）外部融资困难

国内中小企业普遍具有规模小、变数大、风险高、信用能力低的特征，使得国内银行在面对中小企业的融资需求时，变得特别谨慎，这就增加了放款的难度。

首先，中小企业可以提供的抵押物十分有限，且抵押物的折扣率过高，很多中小企业难以承受。其次，中小企业很难找到适宜的担保人，效益好的公司不愿为其他公司担保；效益一般的公司，又不具备担保资格。最后，基层银行的授信额度有限，且贷款过程烦琐，这会严重影响企业的可持续经营。

（3）民间融资存在缺陷

高储蓄率的经济理念，造就了我国充裕的民间资金池。但由于缺乏法律与制度的限制，我国的民间融资活动依旧存在很多缺陷。

对于"中小企业金融服务"这一工作，我国尚未组建统一的服务管理部门，担保机构、信用评级机构等职能部门仍处在空白期。目前，我国只能按照企业所属行业及所有制性质来规范中小企业的融资行为，这就引发了不同所有制、不同行业中企业法定地位和权利的不对等。最后，一些司法部门保护银行债权的能力较为低下，加剧了银行的"恐贷"心理。

（4）融资成本高昂

根据相关部门的调查报告显示，当前中国小企业的融资成本包含下列3项：

贷款利息。包含基本利息与浮动部分，浮动部分一般在20%以上。

抵押品登记评估费用。一般占融资成本的20%。

担保费用。一般年费率在3%左右。

这3项成本再加上金融部门在放款时，以预留利息的名号扣除的一些贷款本金，中小企业实际能拿到的贷款往往只有本金的80%。

以2009年国内中小企业贷款情况为例，在所有中小企业贷款总额中，占比靠前的金融机构分别是国有商业银行、股份制商业银行、农村合作金融机构，外资金融企业、邮政储蓄银行以及城市信用社的占比较少。

2.影响中小企业融资的因素

导致国内中小企业融资难的原因是多方面的，既有历史上的积弊，也有新时期的风险。既有企业内部的漏洞，也有外部的限制。

（1）企业自身原因

首先，我国中小企业基本起家于家族或合伙，整体素质较低，缺乏规模优势，管理风险较大，信用水平堪忧。其次，我国中小企业财务体系存在缺陷，财务信息发布意识较差，这就造成了企业与金融部门之间的信息不对称。最后，我国中小企业缺乏充裕的抵押资产，这就妨碍了其间接融资。

（2）阶段性原因

鉴于我国的金融体系尚处于改革发展的初级阶段，当前的股份制银行、地方性金融机构、国有银行3个主体尚未将垂直细分领域的市场需求作为主要的业务对象。同时，我国的社会中介服务体系也处在起步阶段，特地为中小企业提供融资服务的机构规模也比较小。

图1-1为我国2010年到2017年创业风险投资机构的规模走势图。

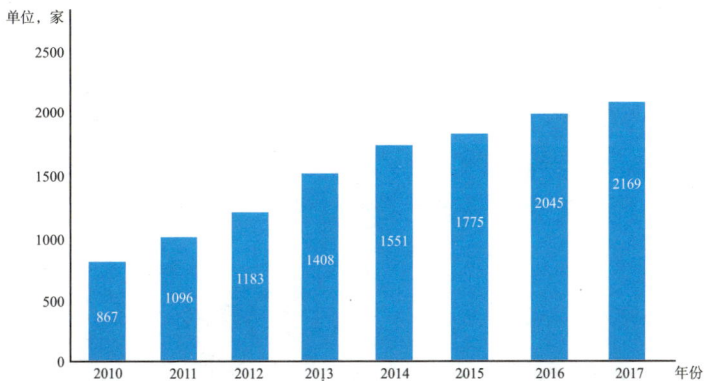

图1-1　我国2010年到2017年创业风险投资机构的规模走势

（3）金融环境原因

首先，2008年爆发的美国次贷危机和人民币的不断升值，严重影响了外贸环境与中国产品的竞争力，再加上有限的内需环境，国内中小企业一直处在"高风险"的状态。其次，国家政策环境不仅缺乏对中小企业的针对性保护，而且还在信贷层面向大企业倾斜，这就制约了中小企业的融资能力。最后，我国的信用评价体系尚处在草创阶段，无法满足中小企业的融资需求。

（4）政策环境原因

相较于中小企业庞大的数量，我国对中小企业的扶持力度仍显不足。特别是一些政府部门还保留着计划经济思维，这使资金的流向向大公司倾斜。虽然国家在政策方面做了很多努力，但在实操环节却未发生根本性的变化。

我国曾对国有企业实施过大规模的减税、补贴政策，但并未将相关政策的实施范围向中小企业扩展。当然，我国也曾针对中小企业实施过差别利率、两免三减、首年免征所得税等优惠举措，但由于中小企业是小规模纳税人，在实际工作中很多优惠政策无法兑现。

　　事实上，中小企业融资难的问题早就引起了全社会的关注，包括政府在内的各界力量也在积极地寻找解决之道。然而，有限的举措和中小企业庞大的融资需求相比，总会显得杯水车薪。此时，我国中小企业离开国内资本市场，赶赴境外上市就成了理所应当的选择。

1.2　为什么是欧洲？

　　境外上市，即国内的股份有限公司向境外投资者发行股票，并在境外证券交易所公开上市。中国企业境外上市的方式主要分为直接上市和间接上市两种。

　　直接境外上市是指国内企业直接以自己的名义在国外证券主管部门登记注册，并发行股票。一般来说，国内企业海外直接上市均会以首次公开募股（IPO）的形式进行。而间接境外上市则是指国内企业先在目的地国注册企业，然后由境外企业通过并购、股权交换等方式获得国内资产控制权，最后再由境外企业在境外交易所上市的方法。间接境外上市可分为"买壳"和"借壳"两类，但其本质都是一样的：将国内资产注入壳公司，达到海外上市目的。

　　从地域上看，除中国资本市场（含香港）外，美国、新加坡、日本以及欧洲都具有一个或多个具有国际影响力的资本交易平台。在这些交易平台中，无时无刻不在上演着各种商业神话。

　　美国共有5个全国性的证券交易市场。按照美国相关法律的规定，企业无论规模大小，只要有投资银行支持，都有机会上市融资。美国没有货币管制机制，美元的流入与流出都是自由的，再加上美国在政策层面十分支持外国企业参与投资。这些因素共同促进了美国股票市场的发展。

　　新加坡证券交易所组建于20世纪70年代。该交易所下辖两个交易板块，分别是第一股市与自动报价股市。经过40余年的发展，今日的新交所上市企业已超过200余家，总市值超过2600亿新加坡元。

日本首都东京是亚洲唯一可以与欧美发达经济体一较高下的国际金融中心。其中，东京证券交易所的交易量占日本全国交易额的8成。东京证券交易所下辖4个分市场，分别是市场一部、市场二部、外国部以及保姆部（创业板）。其中，外国部和保姆部向日本以外的企业开放。

那么，我们为什么选择在欧洲资本市场融资呢？

1.欧洲资本市场的特点

欧洲是世界资本市场的发源地，从1602年荷兰阿姆斯特丹证券交易所成立算起，欧洲资本市场已走过了400余年的发展历程。现在，欧洲资本市场依然是世界规模最大的区域金融市场，并坐拥英国伦敦、法国巴黎、德国法兰克福三大世界级金融中心。庞大的金融市场不仅带动了欧洲实体经济的发展，也推动了欧洲经济的一体化进程。而与美国、日本、新加坡等单一市场相比，欧洲作为一个多元化的市场，主要呈现出如下6个特征。

（1）市场心态理性

历经4个世纪的发展，欧洲资本市场已经进入了平稳发展期。占据主流的机构投资者、市场化的政策氛围、严格的监管制度，有效抑制了欧洲资本市场的投机情绪，继而降低了市场中的泡沫。这不仅维护了市场的稳定，同时也降低了相关上市企业的不确定性风险。

（2）有助于企业规范化经营

站在未来的角度观察，国内企业在境外上市，就必然得遵守市场对自己经营管理层面的规范性要求。这种来自市场的反作用力能够倒逼相关企业不断提升内部各部门、各岗位的人员素质。从这个角度来看，国内企业海外上市，事实上可以被视为其与国际经营准则的契机。

当国内企业按照欧洲资本市场的要求，及时、准确地发布经营信息时，这些企业的经营便达到了基本的规范化，既提高了管理效率，也杜绝了"内部人员控制公司"的现象。

（3）影响力强

类似于影视剧市场的"明星效应"，国内企业在高度发达的经济体——欧洲上市，可以有效提升自身在中国乃至全世界的信誉和知名度。利用这些无形的资产，相关企业可以进一步获得充足的国际合作资源，接触高水准的投资者。

（4）上市条件低

与国内沪、深两市坚持实行的"核准制"相比，层次较为丰富的欧洲各大资本市场对于证券发行更多地采用"注册制"，故后者的上市要求要远远低于前者。这对于达不到国内上市标准的中小企业来说，无疑是个福音。

（5）融资效率高

对比上市周期，国内企业在国内上市至少要经过一年的"辅导期"，在这之后还需要递交材料、排队上市。而国内企业在海外上市则无须经历"辅导期"，企业只要符合目标国证券市场的准入标准，一般半年到一年内即可上市。缩短的上市周期提升了企业的融资效率。

（6）国际化程度极高

欧洲各大证券交易市场的所在国，均为在全球贸易体系中位居前列的发达国家。贸易活动的国际化必然会推动金融业务的国际化。伴随着欧洲各国和世界其他地区主要国家经济交流的逐步深入，欧洲主要资本市场都已经向全球的投资者或投资标的敞开了怀抱。而中国作为当前世界第二大经济体，自然会成为欧洲金融市场主要的合作对象。

　　2017年6月13日，欧洲央行宣布经过6个月的操作，已将市场价值5亿欧元（当时约为5.6亿美元）的外汇储备从美元转化为人民币。而这是该机构第一次将人民币当作外汇储备。随后，欧洲乃至全球最大的贸易顺差国——德国也采取了跟进行动。同年，德国央行也决定将人民币纳入外汇储备，并将该项操作纳入德国金融市场的长期战略。

　　尽管在短期之内，欧洲央行及德国央行还不会将人民币在外汇储备中的比重调得过高，但上述机构开始将人民币纳入自身外汇储备的做法，已经向世界传达了明确的信号：欧洲金融市场和中国的合作将日趋紧密。在宏观层面，此举是欧洲对人民币国际化战略的肯定。而在微观层面，此举则为中国企业提供了一个思路：欧洲金融市场既然能在货币层面接纳中国的货币——人民币，当然也可以在融资层面接纳中国最具活力的市场主体——中国企业。

2.欧洲资本市场的发展方向

　　在未来的几年甚至十几年中，欧洲资本市场都将以"合而为一"作为自己的发展方向，高度流动性、统一监管正是完成这个目标的两个体现。同时，欧洲资本市场还将在内部稳固的基础上向海外扩展，直至建设一个"泛欧资本市场"。与现有的欧洲资本市场主要靠政策面推动相比，泛欧资本市场将是政策面与市场面相互促进的结果，当然市场面的影响力要更大一些。

　　站在地域的角度来看，未来的泛欧资本市场仍会以欧洲国家为主。站在内容与形式的角度来看，泛欧资本市场在发展初期将会是欧洲各国资本市场的集合体，但最终的形态将不是各国市场的简单拼接，而会在内容和形式上完成高度整合，继而在世界资源重组的过程中发挥重要作用。图1-2为欧洲历年投资总额。

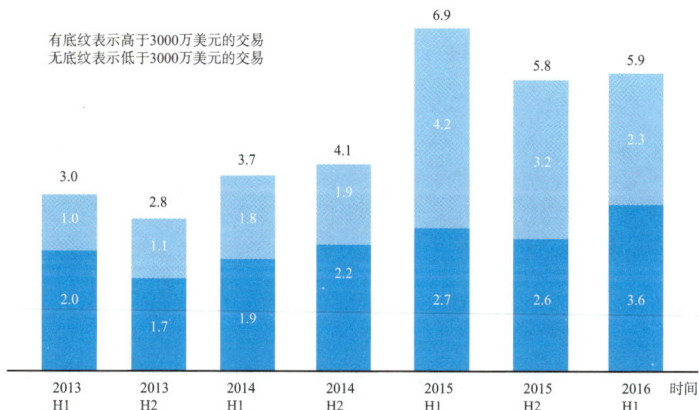

图1-2　欧洲历年投资总额（单位：10亿美元）

　　毋庸置疑，欧洲资本市场已经成型，并对欧洲乃至世界范围内的经济、企业形成了巨大的影响，但这并不意味着这个市场是完美的。协调成员国的税收制度和政策、落实"相互承认"准则、协调好财务会计原则、对企业治理结构的差异进行统一认识，都是欧洲资本市场需要继续落实的重要举措。相信随着单一金融市场建设的深入，未来的欧洲资本市场将会以更统一、更高效的姿态向世人展示自己的实力。

1.3 　中欧融资政策的比较

　　中小企业的融资环境往往与政府的融资政策相关，而融资政策包罗万象。由于政治、经济基本制度的些许差异，中国和欧洲在融资政策方面，也有区别。下面，我们就从法律、金融服务、信用担保、风险投资基金，以及资本市场利用5个方面对中、欧中小企业融资政策进行一番比较。

1.法律

　　现在，我国正在建立一整套中小企业融资法律保障系统。2003年1月1日，《中华人民共和国中小企业促进法》正式颁布实施，宣告了国家在立法层面对中小企业的关怀。但这部法律的规章较为笼统，在风险投资、信用担保等细分领域尚缺乏全面细致的规定。而欧洲各国由于市场经济确立时间较早，故围绕中小企业融资行为建立了较为完备的法律系统。

　　例如，德国政府为了推动中小公司的发展，先后推出了一整套法律、法规。《中小企业组织原则》《反对限制竞争法》《反垄断法》《关于提高中小企业的新行动纲领》等法律法规，共同构成了德国民营中小公司的融资法律体系。

2.金融服务

　　中国现在尚未设立专门为中小企业提供融资服务的政策性机构，

中小企业主要是从商业银行那里得到资金支持。国内商业银行当前的信贷方向更多地聚焦在大型公司与中心城市，针对中小企业的融资服务还很少。

以国有商业银行为例，有些机构对分支行的授权很有限，用审批大公司贷款的方式审批中小公司贷款。中小企业大部分集中在县级行政区，而在这些地区基本没有股份制商业银行。加之国有独资商业银行在最近几年中持续精简，中小企业与国有金融体系接触的机会就更加有限了。

欧洲专门组建了为中小企业提供资本服务的政策性机构——欧洲投资银行（EIB），该机构90%的资金用于欧洲的欠发达地区的投资业务，10%用在了东欧国家及与欧盟有关联的发展中国家。欧洲投资银行往往借助以下3种方式对中小公司提供融资。

（1）全球贷款

作为一笔专项资金，全球贷款主要被用于支持中小企业在三大产业的投资，集中在能源、运输和基建领域。

（2）贷款贴息

欧盟和欧洲投资银行达成了一项协定：员工数量小于等于250人，固定资产小于等于7500万欧元的公司可获得贴息贷款。欧盟财政预算承担贷款的利息补贴，欧盟投资银行负责具体的管理事宜。

（3）阿姆斯特丹特别行动计划（ASAP）

该项目来自欧盟阿姆斯特丹理事会于1997年发布的决议，周期为3年，资金来源于欧洲投资银行的运营利润，总额达10亿欧元，目的在于为从事强劳动力密集型及新技术行业的中小公司提供资本支持。同时，欧盟委员会在1993年还特意成立了由金融机构、中小企业两方背景人物组成的"圆桌会议",专门协调欧洲中小企业的融资事宜。

3.信用担保

1999年,国家经贸委推出了《印发<关于建立中小企业信用担保体系试点的指导意见>的通知》。根据该文件,国内中小企业的信用担保系统由市、省、中央三级部门组成,事务由担保与再担保两个板块构成,前者以地市为基础,后者以省为基础。试点期间,国内不设置全国性的中小企业信用担保平台。担保款项和业务费用以政府预算支持及资产划拨为主要来源,担保费为次要来源。担保内容以短期流动贷款为主,担保方向为产品有销路、高科技、前景广阔的中小企业。

欧洲利用欧洲投资基金(EIF)为其中小企业提供信用担保。欧洲投资基金来自爱丁堡理事会决议,其资金投入方向主要集中在泛欧公路网与中小企业信用担保。具体来说,欧洲投资基金的担保方式有以下3种。

（1）融资担保

欧洲投资基金的股东或其他机构都可以作为担保方,担保方依据不同的融资金额与风险的大小,获得对应的佣金,担保金额不低于项目融资总数的一半。

（2）股权参与

对于具备相应业务能力和资质,且可以提供一定回报的中介机构,欧洲投资基金允许其以"股权参与"的形式对中小企业进行间接融资,但欧洲投资基金对股权参与的态度一直较为保守。

（3）"增长和环境"引导项目

1995年，欧盟与欧洲投资基金达成了实行"增长和环境"引导业务的协定，欧洲投资基金为不到100名员工的中小企业提供一定的贷款担保，助推生态友好型项目的开展。"增长和环境"引导项目的条件较少、利率较低。

4.风险投资基金

中国的财政预算已包含中小企业融资项目，具体包括国家科技型中小企业创新基金、市场发展基金、中小企业服务系统专项补贴资金与中小企业发展专项资金。以上这些资金都是由中央预算统一规划的，故资金数额有限，支持的项目数量也较少。一般来说，中小企业创新基金年均预算数额为10亿元，市场发展基金年均预算数额为5亿元。

1997年，欧洲投资银行与欧洲投资基金两大金融部门合作组建了欧洲技术便捷启动基金（ETF）。该基金当年就发放了数额达1.25亿欧元的中小企业贷款，1998至2002年，该基金又累计发放了1.68亿欧元的贷款。欧洲技术便捷启动基金旨在支持高风险领域的中小企业，继而推动最新研发成果的普及与应用。

除区域性的欧洲技术便捷启动基金外，欧洲一些国家也成立了具有本国特色的风险投资基金。如英国政府就成立了凤凰资金、地区风险资金、英国高科技资金、SBS商业孵化资金、早期成长资金等专项资金，且这些基金数额充足。

专项投资基金的强力支持，必然能带动风险投资活动的开展。仅2017年一年，英国本土公司就完成了524笔投资交易，较2016年增长了30%，总交易额达43亿美元，较2016年增长了47%。

5.资本市场利用

2004年5月27日，深圳证券交易所推出了中小企业板，但其门槛依然较高。根据《深圳证券交易所设立中小企业板实施方案》，在中小企业板上市的企业要达到主板市场的上市标准及信息披露制度。

在随后的时间里，中国加快了证券市场的开放力度。如在2014年11月17日，沪港通机制正式上线。但总体而言，中国政府对证券市场的改革态度还是比较谨慎。

与证券市场偏保守的行事风格相比，中国期货市场的发展力度要明显大胆得多。

2018年3月26日，上海期货交易所下属的上海国际能源交易中心，正式推出了以人民币计价的原油期货产品。该产品是中国首个面向全球投资者的原油期货品种。截至3月26日收盘时，这款以人民币计价的原油期货产品已达到140亿元人民币的成交额。

1995年6月，欧洲首家中小企业板——另类投资市场（AIT）在伦敦证券交易所成立。该板块主要为新组建的小公司提供融资服务。另类投资市场无行业限制，不管是高科技企业，还是传统的制造业公司、服务业公司都可以在这里挂牌上市。而对于资金实力、公司规模、经营时间、公司业绩、投资者的股份比重等，另类投资市场都没有硬性要求。同时，正是由于另类投资市场的上市条件较为宽松，政府对其的监管力度也格外严格。

投资标的集中于欧洲私人信贷市场的融资额度，如图1-3所示。

图1-3　投资标的集中于欧洲私人信贷市场的融资额度

　　政策是宏观的、深远的战略性安排，也许在操作层面，我们感受不到政策的影响，但政策却实实在在地引导着金融市场的预期。通过对中欧两地中小企业融资政策的梳理和比较，我们可以进一步准确把握欧洲资本市场的政策特点，继而在未来的上市活动中趋利避害。

1.4 欧洲主要交易所概况

作为全球经济最发达的区域之一，欧洲的交易所大小林立。而在这其中，影响力最大的3家交易所分别是伦敦证券交易所、德意志交易所集团以及泛欧交易所。

1.伦敦证券交易所：欧洲首屈一指的资本聚集地

伦敦证券交易所，简称伦敦证券交易所（London Stock Exchange，LSE），于1773年成立，至今已有200多年的历史。伦敦证券交易所隶属于伦敦证券交易所集团，作为世界第三、欧洲最大的证券交易所，伦敦证券交易所在全球资本市场一直居于领先地位。

伦敦证券交易所集团下辖多家交易所，如伦敦证券交易所、意大利证券交易所、泛欧股票交易平台、欧洲主要固定收益证券交易市场等。其涵盖的业务领域包含股票、债券、基金、认股权证、结构化产品及各类衍生品。

伦敦金融城是全球最国际化的金融中心，作为世界领先的欧洲债券及外汇交易领域，伦敦金融城受理来自世界各国的股票承销业务。鉴于伦敦所处的优越地理位置，它可以为全世界各个国家的企业提供通往欧洲资本主义市场的可靠窗口，伦敦证券交易所为全世界的股票提供了最大的交易平台，其对外的股票交易量远远超过其他任何一个证券交易所。

伦敦证券交易所大楼共有26层，交易面积达23000平方米左右。

但它的前身却是一家小小的咖啡馆。早在200多年前，伦敦乔纳森咖啡馆的经纪人，为了方便买卖公司的股票，成立了"皇家交易所"。随后经过博阿迪西亚女王二世时代的发展和扩充，伦敦证券交易所最终发展成今天的规模。

伦敦证券交易所最大的优势是，伦敦的时区位于美国和亚洲中间，这为各国的上市时间提供良好的条件。同时，伦敦证券交易所在200年的发展历史中积累了丰富的经验，其品牌享誉全球，这些荣耀可以极大地提升相关上市企业的品牌形象。

据不完全统计，截至2000年，伦敦的外国证券交易额就已经高达5亿美元，有近100个国家的企业在此上市。

综上所述，伦敦证券交易所作为欧洲最大的交易市场，可以将全世界的各类社会资金集中进行投资，并为需要资金的企业提供强大的资本支持。伦敦证券交易所高效引导投资的行为，为资金的自由流动提供极大的便利。通过证交所内实时公开的信息，社会资金总会流向最具潜力、最高收益的地方。

2.德意志交易所集团：通往欧洲资本市场的捷径

德意志交易所集团（Deutsche Börse AG；DBAG，以下简称德意志交易所）1993年成立，其总部设在美因河畔、位列世界级金融中心的法兰克福。在随后的几年中，德意志交易所在卢森堡、瑞士和西班牙三国建立了分公司，并陆续在布拉格、莫斯科、伦敦、巴黎、芝加哥、纽约、香港、北京、东京和迪拜等城市设立了代表处。其中，德意志交易所下辖的法兰克福证券交易所，是全球较大规模的股票交易平台之一，其交易额占德国本土证券交易额的90%。

作为世界领先的交易平台，德意志交易所的业务范围覆盖全球各个地区。以一体化业务模式为基础，德意志交易所在证券、债券、银行、保险、信托等不同领域分别扮演着不同的角色，并在各细分市场树立了自己的品牌。德意志交易所主要经营六大业务。

（1）上市

德意志交易所把实体经济中的企业和融资市场里的投资者召集到一块。不管是大型跨国公司还是中型公司，都能够利用德意志交易所开展股权或债权融资。相关公司还可以在透明度不一的市场板块中自由选择上市板块。

（2）交易

股票交易所是最接近"理想市场"的场所：以Xetra®全电子化交易平台及T7电子交易系统为基础，买卖双方可以在德意志交易所高效地交易证券、金融衍生品。

（3）清算

清算，即对与金融工具有关的债权、债务进行净额轧差。德意志交易所的清算银行为"欧洲期交所清算股份公司"。该企业既能充当每位卖方对面的买方，也可以充当每位买方对面的卖方。

（4）交易后服务

当买卖双方走完交易与清算环节，德意志交易所会通过其交易后服务提供者"明讯银行"，帮助各市场主体完成结算交割，并对已买入股票进行妥善持有。被持有的股票日后可以作为抵押物。

（5）信息技术

任何交易平台提供的服务都要以信息技术为基础。德意志交易所下辖的数据运营部门，专门为交易及结算事务提供技术支持。基于这些部门自行开发的软件，德意志交易所得以建立一个监督机制极为完善的交易网络。

（6）市场数据

无论是机构投资者还是个人投资者，他们都需要以市场数据为依据，做出投资决策。德意志交易所为投资者提供的市场数据主要来自欧洲期交所与Xetra的交易体系。借助这两个渠道公布的价格数据，德意志交易所不仅可以影响部分投资者的市场行为，而且还能预测全球市场的动向。

3.泛欧交易所：跨越国家壁垒的融资平台

2000年3月18日，根据荷兰阿姆斯特丹交易所、比利时布鲁塞尔交易所、法国巴黎交易所达成的协定及荷兰政府的法律，三家合并组建泛欧证券交易所（Euronext N.V.，以下简称泛欧交易所）。该交易所总部设在巴黎，同时在比利时、法国、荷兰、葡萄牙、卢森堡、英国等国家设立了分部。除股票与股票衍生品业务外，泛欧交易所还可为客户提供结算服务与信息服务。

泛欧交易所的主要财务指标如图1-4所示。

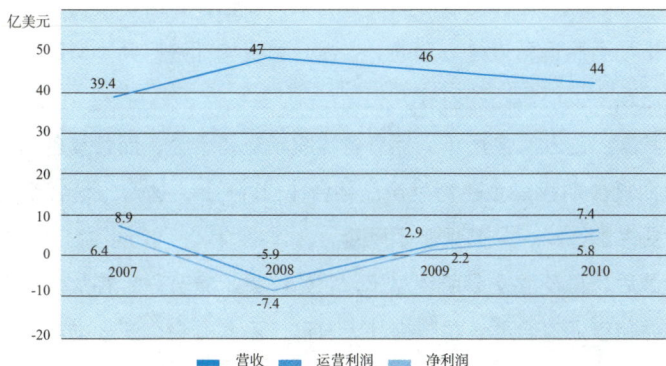

图1-4   泛欧交易所的主要财务指标（截至2010年）

自2002年起，泛欧交易所开始了兼并之路。它先是兼并了伦敦国际金融期货与期权交易所（LIFFE），接着又和葡萄牙证交所（BVLP）完成了合并，至此变成欧洲范围内领先的、股票和期货产品齐备、集交易和清算于一体的国际性证券交易平台。

截至2006年1月31日，在泛欧证券交易所交易的资产总币值已达到2.9

万亿美元，该交易所也借此跻身全球第5大交易所。2007年4月4日，泛欧证券交易所与纽约证券交易所集团（NYSE Group）又完成了合并，并进一步更名为"纽约泛欧交易所"。至此，泛欧交易所成为世界上第一家国际性证券交易所。纽约泛欧交易所具有如下三大特色。

首先，所有想在该平台上市的企业，可自主决定在阿姆斯特丹、巴黎、布鲁塞尔、里斯本中的任意一家交易所挂牌，并接受上市地国家的监管。同样地，投资参与者也能够通过任意一家交易所开展证券交易。

鉴于政府监督的要求，及对各个成员国自身商业、交易环境的尊重，泛欧交易所旗下5个交易平台（均为泛欧交易所全资子公司）通过高度整合后，依旧独立存在并开展交易。虽然交易仍能在五地开展，但其交易系统、清算系统、交割系统均是一致的。

荷兰、法国、比利时、葡萄牙等国的金融监管部门尽管在组织模式、职权领域、运作方法等方面各有不同，但其在维护投资者利益、维持市场有序运营上是一致的。上述几家机构都签订共同协议，以协调对泛欧交易所集团的监管。

其次，泛欧交易所不只拥有各种股票交易平台，而且具备品种多样的期货、期权等金融衍生产品平台（LIFFE），这为市场投资者提供了更多的选择，从而规避了风险。

最后，自泛欧交易所创立起，它始终秉承着合作、开放的运营理念，并持续通过合并、扩张来壮大自己，服务客户。泛欧交易所的创立本身就是一个创举，它把将荷兰、法国、比利时三国的交易所合而为一，既发展了市场，又方便了投资者，还降低了交易及运营成本。而泛欧交易所兼并伦敦、纽约相关交易所的行为，更是扩大了交易所的地域覆盖范围，其自身也变成了世界各国企业进入欧洲资本市场的重要入口。

以上就是欧洲主要交易所的概况，在接下来的几章中，我们还将从实操的角度对这三大平台的参与规则进行详细讲述。

第2章

想了解欧洲的
资本市场，
必从德国开始

　　既然选择去欧洲淘金，那么德国便是不可不
提的重点国家之一。在英国脱欧已经势在必行之
际，德国法兰克福已经一跃成为众多金融机构的
宠儿。那么，既然德国在欧洲经济版图中有着举
足轻重的地位，那么就让我们在赴欧上市之前，
先来全盘了解一下德国的经济情况及市场环境。

2.1　领跑全欧的德国经济

　　德国经济自"二战"后一直表现坚挺，鉴于其稳健上升的经济状况，成功获得了"欧洲经济火车头"的美誉。能够在欧盟这样强国林立的组织中领跑，足以证明德国经济的强大与坚韧。那么，对于想要赴欧上市的公司来说，了解德国自然就成为敲开欧洲大门的必修课。

1.德国在欧盟框架内的影响力

　　德国是欧盟体量最大的经济体，完成了欧盟21%的国内生产总值。德国也是欧洲最大的单一国家市场。尽管在2008年，德国的出口导向型经济遭遇了世界性金融危机的波及。但凭借其坚实的发展基础，德国的国内生产总值依旧在两年后平稳超过34000亿美元，其出口状况也以极快的速度获得改善。

　　进入2016年，鉴于国际原油价格开始走低，欧元逐步贬值，德国产品的市场竞争力增加，销量增长，故而德国当年在欧盟境内获得了较为突出的贸易成绩。为了强化国民经济的内生动力，德国围绕智能解决方案、数码产品、微电子、新能源、环保建筑、储能、生物制药、物流、装备制造、企业专业服务、航空航天、汽车等多个产业，向本土和外国投资者提供投资机会。

　　根据科尼尔（A.T.Kearney）国际管理咨询公司推出的外商直接投资信心指数，世界十佳投资地就包含两个欧盟成员国：德国、法国。

　　欧盟的申根公约旨在打破签约国家之间的行政壁垒，继而组建统一对外的边境管理新机制，从而使旅客得以自由地进出申根各国。而德国早在1985年，便加入了申根协议。截至2018年初，在28个欧盟成员国中，包括德国在内的18个国家使用欧元，统一的货币体系有效降低了德国对外贸易的汇兑风险。

根据欧洲专利局的数据，德国各类机构的专利申请数量长期位居欧洲首位。而在欧盟官方公布的《欧洲创新指标报告》（*European Innovation Scoreboard*）中，德国也位列创新领导国之一。这反映了德国经济强大的创新能力。

事实上，德国联邦政府每年都会安排数十亿欧元的预算，专门支持德国企业开展研发。而德国研究基金会（German Research Foundation）、弗劳恩霍夫尔协会（Fraunhofer Gesellschaft）、莱布尼兹科学协会（Leibniz Association）、马克斯普朗克科学促进协会（Max Planck Society）等欧洲一流的科研机构也都设在德国境内。

2.德国经济在世界的地位

2016年，德国国内生产总值（GDP）以国际汇率位列全球第四大经济体，其总额达到了3.4万亿美元。德国作为老牌的发达国家，其产品以制作精良、技术领先而闻名于世。在《财富》杂志评选的"2017世界500强"榜单中，德国共有46家企业上榜。

图2-1为2007年到2016年，德国国内生产总值的变化。

（亿美元）

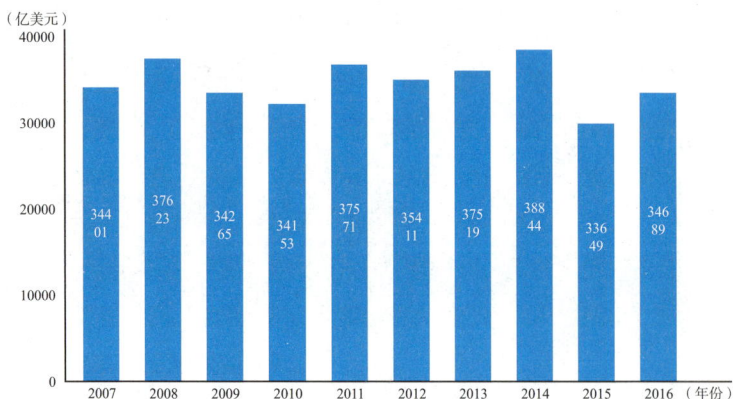

图2-1　2007年到2016年，德国国内生产总值的变化情况

德国为下列国际组织的会员国：欧盟（EU）、联合国（UN）、世界贸易组织（WTO）、北大西洋公约组织（NATO）、经济合作和发展组织（NATO）、欧洲安全与合作组织（OSCE）、欧洲委员会（CoE）、国际货币基金（IMF）、八大工业国组织（G8）及二十大工业国组织（G20）。2002年德国正式采用欧元，目前共有18个欧盟国家使用欧元。

根据世界经济论坛（WEF）发布的全球竞争力报告，德国稳居第4名。在由瑞士国际洛桑管理学院（IMD）推出的《2015年世界竞争力》（*IMD World Competitiveness Yearbook*）报告书中，德国的整体竞争力位列第十。而在全球清廉指数（corruption perception index 2013）报告中，德国位列第十。在世界创新能力指数排名中，德国排名第十。

德国每年都会举行很多世界级的商业展会，如柏林国际消费电子展（IFA）、法兰克福汽车配备零件展（Automechanika Frankfurt）、法兰克福春季消费品展（Ambiente Frankfurt）、法兰克福国际汽车展（Frankfurt International motor show）等。国际会议协会（ICCA）

发布的研究报告指出：在德国境内举行的商展活动数量位居世界第二，而在德国首都柏林举行的商展活动数量则位居全球第五。

3.德国和中国的经济联系

对于中国而言，德国是其在欧盟最大的贸易对象。而对于德国来说，中国的经济地位同样重要。从2016年起，中国第一次成为德国最大的贸易伙伴国。2017年，中德贸易总额达到1866亿欧元。可以说，经过30余年的发展，中德国际贸易已在两方经济发展中占据了不可忽视的地位。

2018年3月16日，第三次"中国日"活动在柏林成功举办。这次中德两国经济界的交流活动由德国中国商会、德国工业联合会，以及德国工商大会联合开展。在会场上，200多位政治、经济界的管理者齐聚一堂，并聚焦"竞争对手还是合作伙伴·中德电动汽车的未来"和"中国在德投资——2018年的机遇及挑战"这两个主题进行探讨，一起展望中德经济合作的前景。而中国驻德使馆经商处公参王卫东也以"中国为何能取得今天的进步"与"中国的发展对德国意味着什么"为题进行了专门报告。

在会上，德国中国商会新任主席、宝钢欧洲有限公司总经理饶玉勇和德国致同会计师事务所合伙人罗伯特·宾得，先后就"中国在德投资——2018年的机遇与挑战"这个话题进行了沟通。双方一致认为，多元化的合作形式、透明化的合作程序、坦诚的讨论是扭转偏见、强化双方信任的必要手段，中德两国经济界的交流活动也应像中德两国的政治关系一样紧密。

中德两国密切的经济联系，不仅在宏观上推动了两国关系的发展，同时也在微观上为两国企业在对方国家的投融资行为创造了条件。认清德国的经济环境，有利于坚定中国中小企业在欧洲上市的信心。

截至2018年初，中国资本在德国的经营实体已超过2000家，约为德国资本在中国经营实体的25%。2014到2016年间，中国更是连续成为德国最大的外来项目投资国。中国企业在德国投资，应遵循"优势行业，优先进入"的原则。2000到2016年中国对德国直接投资交易总额如图2-2所示。

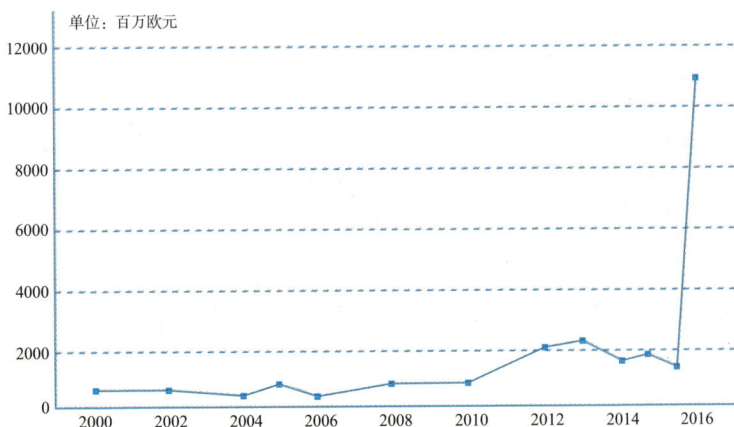

图2-2　中国对德国直接投资交易总额（2000—2016年）

理论上讲，任何有意在世界市场中扩张、利用和欧洲公司开展贸易技术合作获得世界范围的成功，或打算将欧洲作为商品销售市场的中国企业都适合赴德国上市。特别是出口导向型和采用国际标准的企业，诸如从事汽车、机械件、生物科学、新能源、纳米技术的企业，都适合在德国投资。此外，德国的贸易、零售、房地产等产业也具有较为可观的市场潜力。

而现实也印证了上述推理。目前，最受中国公司青睐的德国行业分别是：汽车、机械以及电子行业。在此，我们特别建议国内从事装备制造业的公司在德国设立分支机构。

装备制造业是德国创新能力最强的行业之一，相关从业公司普遍拥有"大者强、小者精"的特征。在机械制造业全部31个门类中，德国共有27个门类位列全球前三。技术先进、工艺精湛、品质一流、管理严格，人才多元、研发快速等优势，使德国的装备制造业长期成为全球产业投资的热门标的。

在当前世界经济增速趋缓的情况下，处在国际领先地位的德国装备制造行业也遇到了经营上的困难，特别是一些与消费有关的机械制造企业。这类公司的平均员工规模都在130人以下，且多数为家族企业，自身的实力十分有限，故抵御经济危机的能力较弱。在此情况下，一些德国装备制造企业走向了破产，而另一些德国装备制造企业则向包括中国资本在内的外资伸出了"橄榄枝"。

2017年1月，中国美的集团宣布完成了对世界工业机器人巨头德国库卡的收购。美的集团通过自己的身体力行，证明了中国企业对德国乃至欧洲高端装备制造业的并购已不再是"蛇吞象"式的幻想，而是可能实现的目标。

从地域上看，柏林、法兰克福、汉堡、慕尼黑这几座城市是外资投资德国的主要落脚点。但随着物流设施的完善，北威州逐渐成为近年来德国吸引外资的热门地区。

北威州，全称"北莱茵—威斯特法伦州"，为德国16个联邦州之一。该州位于德国西部，与荷兰、比利时两国接壤。

物流方面，北威州处在德国境内铁路与世界交通大动脉的交汇点。其中，科隆（Cologne）火车站是全德最大的货物联运点，也是欧洲铁路网里的关键枢纽。通过荷兰建设的货运线路——贝突威铁路，北威州的工业中心鲁尔区得以和全欧最大的海港鹿特丹港直接连通。

经济层面，北威州是全欧最大的区域性市场之一，以该州州府杜塞尔多夫为圆心，周边500千米区域中共生活着1.6亿人。北威州的国内生产总值（GDP）位列德国各州第一，全球排名则在前20名以内。截至2017年2月，落户北威州的中国公司已达1000余家。北威州已经成为中国公司在德国的重要节点。

2.2　没有开放兼容的政策环境，就没有发达稳健的德国经济

　　如果说高度整合的基础设施、接受过系统培训的劳动者队伍，以及一流的科研环境是欧洲各国经济的硬实力，那么稳定成熟的政策环境就是欧洲各国经济的软实力。通过针对性极强的市场架构和科学的金融改革方案这两大抓手，德国不仅吸引了很多优质的外国投资，而且还成功地建立了一套高效的资本输出体系。

　　为维护金融机构的偿付能力、对市场的信息透明度进行监督，继而保护投资者的权益。从2002年5月起，在德国金融市场开展的诸如银行、保险、股票、期货等业务，统一由联邦金融监管局监管。而这也意味着德国确立了高度集中的金融监管体系。

　　联邦金融监管局为散户投资者提供了多种沟通渠道，例如投资者可以直接致电联邦金融监管局。联邦金融监管局的值班人员会对投资者提出的问题——答复，并提出相应的解决方案。

　　此外，当投资者发现上市公司存在违规行为时，有权通过信件、传真或电子邮件等形式，向联邦金融监管局提出申诉，并提供相应的材料供后者参考。但对于投资者因自身原因遭受损失而进行的申诉，以及个案争议，联邦金融监管局并不会受理。对于这两种问题，投资者需通过司法途径解决。应当注意的是，投资者的申诉行为并没有法定时效限制。

　　2003年3月5日，德国联邦政府推出了新的《金融市场强化方

案》，这套方案旨在将德国建设为一个具有国际影响力的现代化金融中心，并提高投资者的信心，最终吸引外来资金。在新的《金融市场强化方案》中，整合现有股票相关法规和强化公司责任被列入重点。具体来说，包括以下两个方面。

（1）组建独立的部门监督企业的财务报表，强化公司管理者的个人义务，加重金融犯罪者的量刑标准。同时，强化对评级机构、分析师的监督，增强对"灰色资本市场"中投资者的保护。

（2）扩充投资基金、避险基金，以及资产担保证券在德国资本市场的业务范围。用新修订的投资法规取代旧有的投资基金企业法、外国人投资法，并将对冲基金纳入监管范畴。

从2007年起，德国股票市场的管理分类模式与欧盟规定保持一致，即每个交易所可下辖两种分市场：受管制市场（Regulated Market）和开放市场（Open Market）。企业在德国境内筹集资金，必须在受管制市场和开放市场之间做出选择。前者直接遵循欧盟框架下的法规，而后者的运行方式则由各交易所自行规范。受管制市场隶属于欧盟认定的官方市场中，而开放市场则隶属于欧盟认定的非官方市场中。

不同市场对信息披露的透明度有不同的要求。企业要进入受管制市场要达到一般标准（General Standard）和主要标准（Prime Standard），其中，主要标准由于和国际接轨，故其对信息披露的要求较高。而企业要进入开放市场，则只需要达到参与标准（Entry Standard）即可，这样就为德国国内外的成长性企业，提供了一条以较低费用进入德国金融市场筹集资金的捷径。

为顺应欧盟新修订的存款保险指令，德国政府还对国内的法规进行了修正。从2015年7月3日起，德国的法定存款保障计划由《存款保证法》规范，而投资人的赔偿规范则通过《投资人赔偿法》实现。此外，德国联邦财政部还委托德国各银行的薪酬部门落实法定存款保障计划和投资人赔偿计划，并接受德国联邦金融监管局的监管。德国各银行的薪酬部门对每一个储户的保障上限为10万欧元。而对于投资者的保障，则以其申诉金额的90%作为赔偿，但实际金额不能超过2万欧元。

德国各银行的薪酬部门在收到储户的申诉后，会进行审核。除不可抗力外，投资者须在一年内以书面形式申请赔偿，逾期不予受理。当然，德国各银行的薪酬部门也应当在第一时间受理储户的材料。对于合格的材料，德国各银行的薪酬部门应当在三个月内完成支付，若遇特殊情况可酌情延长支付时间。

德国证券市场架构，如图2-3所示。

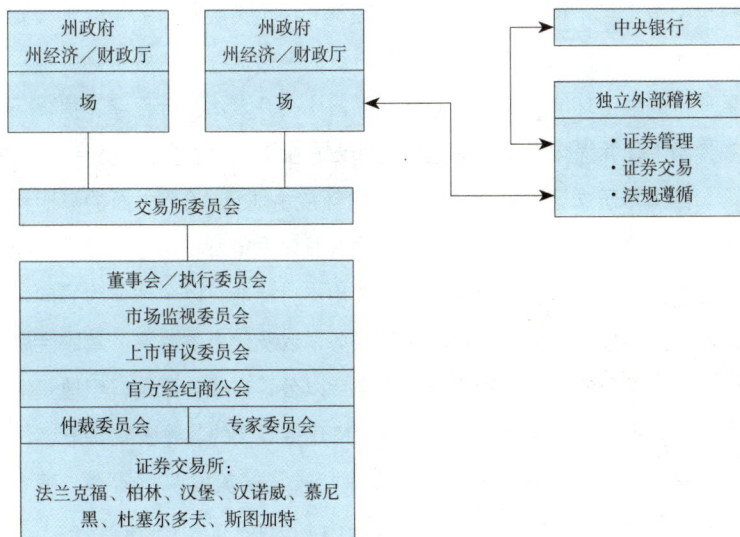

图2-3 德国证券市场架构

德国证券市场是由分布在各州的证券交易所构成。德国目前坐拥7家证券交易所，其中法兰克福证券交易所是其中唯一具备国际级影响力的交易所。其余6家交易所则是基于Xetra电子交易平台技术形成的地区性交易所，分别处在柏林、杜塞尔多夫、汉堡、汉诺威、慕尼黑、斯图加特。这些交易所的产品主要是证券、债券、认购权证等。

依照德国《交易所法》与《证券交易法》的规定，交易所除了要接受本单位的内部监管外，还得接受来自联邦金融监管局与州政府的外部监督。外部监管部门可依法要求股票交易所提供与证券交易相关的材料，并开展必要的调查。

为优化市场的透明度和整体质量，强化上市企业的集资能力和资金流动性，遏制价格操纵行为。德国政府于2012年初对法兰克福证券交易所的内部架构进行了调整。调整后，法兰克福证券交易所的第一报价类版于当年年底关闭。而原来在第一报价类版上市的企业则被要求在2012年12月15日前，重新调整自身的上市流程以适应更高层级、更严苛的融资环境。即相关企业必须实施公开募集资金程序、提供公开说明书，并强化上市后的内部管理和专业会员报价责任。

德国多层次证券交易市场的政策环境主要具备6个方面的鲜明特色：以信息公开为中心，建立差异化的股票发行及长期监管要求；根据监管程度的不同，划分不同上市费用支付标准；以全球化为导向，为融资方、投资者提供方便的交易服务，以及优惠的费率；着眼金融产业链，不同的部门负责不同的事务；以公司自愿为原则，组建灵活的退市体系；通过构建不同的指数，搭建多层次的蓝筹股交易市场。

从市场发展现状来看，德交所现货市场涵盖股票、债券、基金ETP（Exchange Trade Products）、ETN（Exchange Trade Notes）、窝轮（Warrants）、代表其他证券的凭证等多个品种，2015年4月成交1371亿欧元，交易较为活跃。

从上市公司来看，德国本土企业更为倾向高级别的市场板块，境外企业则主要选择监管最为宽松的报价板块。

以市场发展的角度来审视德国的政策环境，德国境内各交易所已然做到了股票、债券、基金、期货等金融产品、金融衍生品的全覆盖。以上市企业的角度来审视德国的政策环境，其本土企业倾向于在高等级的市场板块上市，而外国企业显然更青睐门槛较低、监管较宽松的开放市场。而以投资者的角度来审视德国的政策环境，DAX指数无疑更具指标性。同时，能源类企业和中国互联网企业是投资者关注的重点。

2.3　最完备的市场监管是为了企业最安心地融资

金融市场的健康运行,首先有赖于上市公司、交易所、中介机构以及投资者的自律。然而市场参与者的素质永远参差不齐,当某个意志薄弱、目光短浅的市场主体,因抵御不住暴利的诱惑而选择违规操作时,就需要一个完善的金融市场监管体制。

1.多角度监管体系

2002年5月,德国废除了分业监管模式,转而由当年新成立的联邦金融监管局(BaFin)统一监管银行、保险以及证券期货等细分市场。联邦金融监管局对各细分市场的监管,首先立足于确保各金融机构的偿付能力这个目标。

以联邦金融监管局为起点,德国政府建立了相对简单的证券监管架构,如图2-4所示。

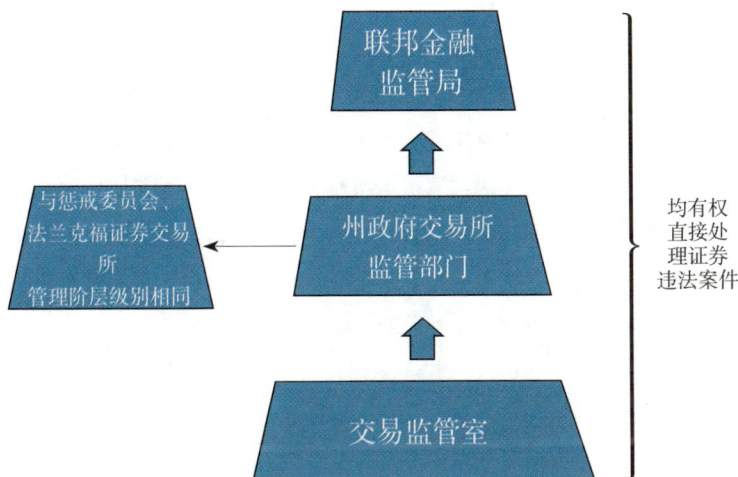

图2-4　德国证券市场的监管架构

联邦金融监管局。 联邦金融监管局是德国联邦政府直属的金融市场管理机构，该机构内部专门负责股票监管事务的部门是股票监管与资产管理区，对德国境内的股票交易活动或违法案件具有最高裁量权。当市场发生具有系统性影响的内线交易、市场操纵案件时，联邦金融监管局会直接介入相关的调查活动。

州政府交易所监管部门。 州政府交易所监管部门的职责是：对本州范围内的股票交易所与股票交易行为实施间接监管；对违反股票交易法的行为进行调查；对由交易监管室上报的不法行为开展评估。

一般情况下，州政府交易所监管部门会通过向交易监管室发指令的形式监管市场。但在特殊情况下，州政府交易所监管部门也会直接开展调查。州政府交易所监管部门的级别与惩戒委员会（the Disciplinary Committee）、法兰克福证券交易所管理阶层相同，故有权对各市场参与者进行处罚。此外，州政府交易所监管部门也有权对法兰克福证券交易所和欧洲期货交易所拟定的规章进行核查。

交易监管室。交易监管室是法兰克福证券交易所设立的监督部门，同时也是整个市场监管体系的前锋。其主要职责是对证券交易进行实时监控、对违规事项开展必要的调查，并向法兰克福证券交易所管理阶层（the Management Board of the Exchanges）、州政府交易所监管部门以及联邦金融监管局汇报有关事项。其监管范围主要集中在法兰克福证券交易所的交易大厅和电子交易平台上。如果交易监管室在实践中遇到一些关系重大、牵扯面较广的案件时，会将其资料交于州政府交易所监管部门，并协助后者开展调查。

2.在线监管：互联网上的"天眼"

互联网乃至移动互联网的普及与发展，让很多市场参与者将主要的交易活动安排到了网上。德国的监管机构当然也认识到了这一点，所以将在线监管工作放到了监管体系的核心地位。

德国各交易所的交易系统可被大致分为Xetra电子交易平台和公开喊价两类。其中，公开喊价系统出现时间很早，几乎与德国证券市场的发展同步，并一直运行至今。而电子交易平台Xetra的起步时间较晚，该系统于1997年11月正式上线。直到1998年底，该系统才开始将结算范围扩展至所有股票。所以德国境内各交易平台在开展在线监管作业的同时，也会在交易大厅中派驻专门人员，对正在进行公开喊价交易的会员实施现场监督。

当德国各证券交易所的网络实时监管系统发现了某只股票的异常交易行为时，值班分析师会在第一时间从市场消息资料库中搜集相关上市企业的公开信息及报道。随后，值班分析师会对报道内容和个股走势做比较，判断二者之间是否存在因果关系。

如果报道内容和个股走势之间不存在合理的逻辑关系，那么德国各证券交易所的值班分析师就会将相关情况通报给在交易大厅待命的现场监理人员。后者会亲自前往相关股票的交易柜台，查看交易现场是否有异常情况，并维护买卖现场的秩序。与此同时，值班分析师还会主动登录上市公司官网，查询其近期消息，并向投资者公开。

总的来说，德国各交易平台的在线监管活动，本质上是一种监管人员基于有价证券价格、市场行情的异常变动，以及上市企业消息等显性参考标的所作出的专业的主观判断。当然，在这些显性的考察标的之外，监管人员还会通过特定的数学模型来计算出一些具体的数据，并将其作为隐性的参考标准。而无论是对于显性的参考标准还是对于隐性的参考标准，监管人员都不会将考察依据公开。

3.不法查核

当交易所通过自有的监察系统侦查到了可疑交易之后，便可以启动不法查核程序。但由于法兰克福证券交易所并不直接掌握个人投资者的交易账号、开户资料、交易明细等信息，而只有个人投资者的合作方——各券商传递到交易所的撮合交易资料。所以，在绝大多数情况下，法兰克福证券交易所并不会对在场内交易的个人投资者进行直接监管。

当异常交易出现时，法兰克福证券交易所会要求券商、商业银行等个人投资者的直接合作方提供相关个人投资者的资料。在收到个人投资者资料后，法兰克福证券交易所立即对这些资料进行汇总整理，随后交于联邦金融监管局（BaFin）。在整个不法查核作业过程中，法兰克福证券交易所的交易监管室会将主要精力聚焦在违法嫌疑最大的案件上，并会根据联邦金融监管局的要求开展辅助调查。因为法兰克福证券交易所的会员都是商业银行这类的专业机构，所以在现实中会员违约的情形非常罕见。

联邦金融监管局及法兰克福证券交易所，都允许个人投资者或专

业投资机构通过互联网下单交易。但相关个人投资者或专业投资机构
在开展在线交易之前，应先和证券经纪商签署互联网交易合同。同
时，证券及期货经纪商也应与法兰克福证券交易所签署互联网交易合
同。此举的目的在于厘清各市场主体的权责范围。对于个人投资者的
网络交易行为，联邦金融监管局和法兰克福证券交易所也都不会直接
进行监管，而是会参照不法查核作业流程，开展间接的、临时性的
调查。

4.跨市场跨区域的联动监管

在市场经济条件下，资本不会长期逗留在同一个市场，而是会跟
随盈利机会在不同的市场板块间流动。与这种情况相对应的，德国的
监管部门也不会将监管力量局限在某一个市场中，而是会开展涉及不
同产品类别、不同国家市场的跨市场监管作业。当然，监管活动要冲
破市场壁垒，必须以有效的制度协调为前提。

德国监管部门的跨市场监管体系包含以下3部分。

（1）监管制度

被动监管。德国期货市场和证券市场所使用的交易工具都是Xetra
电子交易系统，而Xetra电子交易系统在检测到反常的价格波动之
后，会在一定时间内自行中断相关的交易。在此期间，各市场参与者
既可以修改委托中的报价，也可以直接取消委托单，待金融产品价格
稳定后，再重新下单。

除了价格异常中断机制，Xetra电子交易系统还具有波动性中断
（Volatility Interruption）和集合竞价状态下的市价委托中断机制
（Market Order Interruption in Auction）。当金融产品的价格脱离
交易所设置的参考范围（包括动态范围和静态范围）时，上述中断机
制便会启动，这样也能让市场参与者在中断交易的缓冲时段中重新制

定价格策略。

主动监管。德国各类金融产品交易所只需通过Xetra系统，即可对股票、期货及其他金融衍生品的交易活动进行全方位的实时监控。如有必要，各交易所就会在联邦金融监管局的主持下，对某一异常交易开展联合分析。

（2）处罚

对于在跨市场监管中发现的违规行为，德国监管部门会按照下列标准对责任人予以惩处，如表2-1所示。

表2-1　德国跨市场监管处罚标准

情节	处罚
市场操纵行为对交易平台或产品价格造成了实质性的影响，且当事人存在主观恶意	五年以下有期徒刑
市场操纵行为没有对交易平台或产品价格造成实质性影响，且当事人并不存在主观恶意	行政处罚
内部人员因客观失误，致使内部消息发生泄漏	一年以下有期徒刑及罚金
参与内线交易	五年以下的有期徒刑及罚金

（3）信息共享

对于在德国境内开展的跨市场监管，包括法兰克福证券交易所在内的各类金融产品交易平台共同组建了统一的信息交换系统。而对于在德国境外开展的跨市场监管，德国各大交易平台则会通过下列两种方式，同其他国家建立监管信息共享机制。

合并。如在1988年，德国期货交易所股份有限公司（DTB）和瑞士期货交易所（SOFFEX）合并成为欧洲期货交易所（EUREX）。

联盟。如在1998年，美国芝加哥商品交易所集团（CBOT）和欧洲期货交易所建立了策略联盟。

5.德国监管部门的特别规定

德国监管部门的工作，无异于是一场与市场同向而行的"陪跑"。为了确保自己在行进过程中跟上节奏、不掉队，履行好监督执纪职责，监管机构应尽可能让自己的监管"触角"伸向市场的每一个角落。于是，德国在普遍化的监管体系之外，又结合本国金融市场中的特定的监管对象或监管形式，做出了补充性规定。

（1）高频交易

鉴于高频交易（high-frequency trading）行为对金融秩序潜在的影响，欧洲各国的金融监管机构都在考虑强化对高频交易的监管。2013年5月15日，德国政府颁布了新的《高频交易法》，这意味着高频交易被正式列入了联邦金融监管局的监管范围。此外，新的《高频交易法》明确规定：任何金融机构在开展程序化交易之前，必须首先取得开展高频交易的资质。

除了法律层面的专门立法，德国的监管机构还做出了行政层面的规定。为了有效抵御高频交易可能带来的交易风险，法兰克福证券交易所交易监管室要求各市场参与者达到下列标准，如表2-2所示。

表2-2　市场参与者有效应对高频交易的标准

交易所	・确保交易系统能够承受压力 ・确保交易系统有足够的容量 ・确保交易系统处在合理上限 ・确保交易系统的一切行为均符合市场运行规则和交易所运营规则
	避免出现订单传送错误
券商等金融机构	建立紧急情况应对机制

（2）对分析人员的监管

联邦金融监管局对分析人员的监管，不仅包括在政府主管部门注册的正式分析师，同时也包括所有真实参与金融产品分析的人员。即使与任何企业都无业务往来的独立分析师，以及尚未获得专业资格的准分析人员，也要接受联邦金融监管局的监管。联邦金融监管局还规定分析人员的研究报告只有在内容清晰且由作者原创的情况下，才允许其向市场传播。

（3）责任豁免

利用内线消息的前提是相关当事人具有接触到这些消息的机会，但有机会接触消息并不代表就一定会利用到这些消息。所以在监管相关交易行为时，联邦金融监管局会对当事人的行为细节做出判定，如果无法确定当事人的交易行为和内部消息之间有直接关联，那么当事人的内线交易责任就将被豁免。

（4）内部消息

按照德国相关法律的定义，有关内部消息的违法情节主要包含3种：利用内线消息买入或卖出内线股票；违背法律规定，向第三人直接或间接提供内线消息；在第三人不知情的情况下，直接利用内线消息驱使对方买进或卖出内线股票。

需要提请上市公司特别注意的是，对于上市公司管理层主观上认为内部消息已公开，但实际上相关内部消息并未公开的行为，联邦金融监管局仍会将相关消息视为"内部消息"，并实施相应的处罚。

2.4　四大参与主体，共筑德国金融市场

　　除监管机构、上市企业、机构投资者和个人投资者外，德国金融市场的参与者主要由联邦金融监管局、德国交易所集团公司及其下属的欧洲期货交易所结算保管股份公司、国际保管股份公司组成，这种以企业为主要经营者的制度安排有利于市场及时应对各种变化，进而保障了德国金融市场的可持续运营。

1.德国交易所集团公司

　　德国交易所集团公司（Deutsche Börse AG，简称DBAG）于1993年组建，该机构是法兰克福证券交易所（Frankfurt Stock Exchange）的母公司。就两者的关系而言，德国交易所集团提供人力、物力及财力，而法兰克福证券交易所则负责证券交易活动的组织和管理。

　　法兰克福证券交易所的最高执行机构是交易所委员会，该部门专门负责德国交易所集团内部的重大决策事务，具体包括对交易所制度的核准、选择交易系统和结算系统、整合欧盟内部的交易结算系统等。通过交易所委员会这个部门，法兰克福证券交易所在欧盟资本体系内成功确立了其在德国交易所集团的核心地位。

　　德国交易所集团公司的组织结构如图2-5所示。

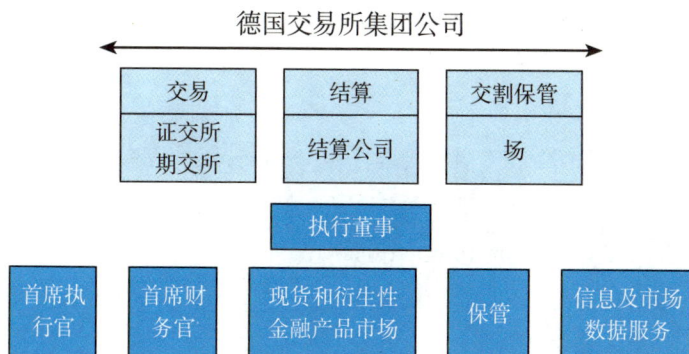

图2-5　德国交易所集团公司的组织结构

　　德国交易所集团公司的三大主要业务为交易、结算和交割保管。在这3个业务体系中，德国交易所集团分别成立了子公司专门负责执行。德国交易所集团的执行董事会由5个核心职位及38个部门组成，这些职位和部门全部与市场对接。

　　对外，德国交易所集团一直在积极寻求合作。1994年，德国交易所集团获得了德国期货交易所股份有限公司的经营权；1998年10月28日，德国期货交易所股份有限公司与瑞士衍生性商品交易所联合成立了欧洲期货交易所。在此期间，德国交易所集团控制了欧洲期货交易所50%的股份。

　　2014年，德国交易所集团旗下的法兰克福证券交易所与欧洲期货交易所、柏林云端运算管理公司，共同出资组建了世界首家云端交易所（Cloud Exchange）。该机构利用柏林云端运算管理公司开发的软件，专门为客户提供云端交易服务。

　　为在世界交易所产业中获得一线地位，德国交易所集团还不断和欧美各国交易所进行直接合并或组建策略联盟，并积极招徕来自中国和俄罗斯等新兴国家的公司上市。

在这里值得我们特别注意的是，德国交易所集团公司和中国方面的合作。

2015年10月29日，德意志交易所、上海证券交易所及中国金融期货交易所三方对外宣布正式组建合资企业"中欧国际交易所股份有限公司（China Europe International Exchange，简称"中欧所"或"CEINEX"）。该企业主要经营离岸人民币产品，并于2015年11月18日正式开始交易。

中欧国际交易所注册地为法兰克福，公司董事会成员来自中德三家交易所的管理层和专家团。中欧所的组建与发展，既能有力促进人民币的国际化进程，也能为中欧资本市场的协同发展打下牢固的基础。

德国和中国都是大陆法系国家，且互为对方重要的经贸伙伴，故中国企业选择在德意志交易所上市是一项不错的选择。

在对衍生性商品市场的拓展方面，德国交易所集团下属的欧洲期货交易所还于2007年和美国的国际证券交易所（International Securities Exchange）进行了合并，并合资组建美国交易所控股公司（US Exchange Holding Inc.）。欧洲期货交易所成为该控股企业100%的股东。这次合并行为使德国交易所成功参与到美国的金融衍生性商品市场中。遍布大西洋两岸的业务进一步奠定了德国交易所集团在世界金融衍生品交易所中的领先地位。

除了向股票市场、金融衍生品市场的扩张外，德国交易所集团还对自身开展了业务的垂直整合，最终在集团内部构建了一个集结算、交割和信息服务于一体的金融服务架构。而此举也符合该公司成为综合性金融服务提供者的目标。

2.欧洲期货交易所结算保管股份公司

1998年，德国交易所集团公司和瑞士交易所集团联合持股组建了欧洲期货交易所结算保管股份公司。2003年，该公司正式担负起了针对法兰克福证券交易所所有股票交易活动的结算工作。现在，欧洲期货交易所结算保管股份公司的结算对象已不仅包括股票，还包括对债券、期货、碳排放权等金融产品。

3.国际保管股份公司

为提高交割的效率，从2003年起，德国交易所集团现货市场采用集中交易对手（CCP）制度，同时将原属于欧洲期货交易所结算保管股份公司的股票交割和保管业务交由国际保管股份公司负责。这也意味着德国交易所集团结算和保管业务的分离，以及该平台现货和期货结算工作的整合。

2000年，为了强化欧盟的产业环境竞争力，同时也是为了进一步降低欧洲金融市场在开展跨国交易时所付出的作业成本。国际保管股份公司还和希腊、西班牙、奥地利、瑞士、丹麦、挪威、塞浦路斯等7国的股票集中保管企业合作，共同建立统一的交割作业平台，专门负责跨国交割业务，此举有效降低了欧盟各国开展跨境业务的难度。

国际保管股份公司非常看好亚洲在未来股票市场的发展潜力。为了强化公司在该地区的影响力，国际保管股份公司还于2013年9月和新加坡交易所签署了合作意向书。根据协议，双方将一起开展有关亚洲抵押品的管理服务业务。2014年4月，国际保管股份公司还和中国台湾地区的集中保管企业达成了合作，一同开展海外证券的交割业务。

目前，国际保管股份公司已和亚洲16个股票市场达成了直接开户交割的协议，该机构的国际中央证券保管业务（International Central Securities Depository，简称ICSD）也已和世界54家股票市场的集保中心、中央结算部门或证券交易所就结算业务达成了合作。

2010年12月，国际保管股份公司又和西班牙交易所（Bolsasy Mercados Espanoles，简称BME）合资组建了场外交易市场中衍生性产品的交易信息管理机构"REGIS-TR"。该机构主要业务是搜集并整理由交易者提供的场外交易市场的交易信息，最终目的是使场外交易市场的金融衍生品交易更加透明化。这也反映了市场对2008年金融危机之后对场外交易市场监管工作的重视。

2012年10月，为了完善企业国际化、多元化的服务体系，国际保管股份公司将避险基金（Hedge Fund）纳入了自身的服务流程中，此举既提升了基金服务的作业效率，也降低了作业风险。

4.联邦金融监管局

德国政府对股票市场的监管主要是通过联邦金融监管局（Federal Financial Supervisory Authority，简称BaFin）实现的。联邦金融监管局是德国目前唯一的全国性金融监理部门。

（1）联邦金融监管局的由来

对于国内的金融市场，德国曾按照银行、保险及证券的分类进行过分业监督。为使资金、信息得到有效利用，发挥股票和期货市场的最高效率，德国政府对金融市场进行了强有力的整合。其中，德国的金融监管体制在2002年便已完成重组。德国市场的股票、保险及证券市场均由联邦金融监管局下辖的3个分管部门监管，而联邦金融监管局则接受联邦财政部的管理。

除了监管责任，联邦金融监管局对金融市场中的周边事务也担负着一定的责任，如维护德国境内企业的偿付能力、维护消费者权益，以及和世界各经济体的监管机构进行跨区域、跨行业合作等。

（2）联邦金融监管局的架构

联邦金融监管局的架构如图2-6所示。

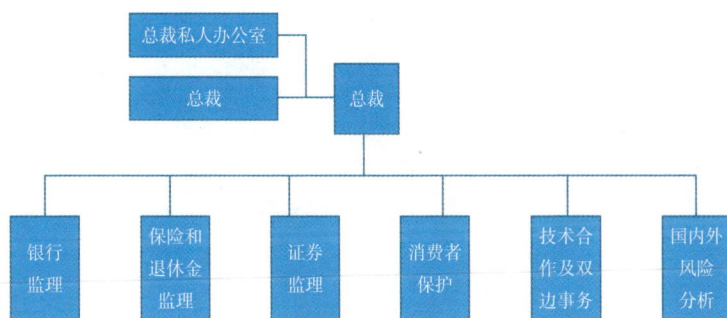

图2-6　联邦金融监管局的架构

联邦金融监管局的总裁由德国联邦政府提名，德国总统任命。在现有的监管体系中，银行、保险、证券3个监管部门为改组前就有的部门，而消费者保护、技术合作及双边事务、国内外风险分析部门则是改组后新增加的部门。而这6个部门无论新旧，都没有行政团队，其预算、组织、人事、管理和技术支持均由中央统一安排。2002年7月，联邦金融监管局又将"反洗钱"工作纳入自身的监理职责中。

（3）联邦金融监管局的监管责任

尽管德国的监管体制是联邦金融监管局"一家独大"，看上去有些简单粗暴。但实际上经过多年的运营，德国联邦监管局的内部分工已经做到了尽可能的细化。我们甚至可以说，市场需要什么样的监管，联邦金融监管局就能提供什么样的监管。

2.5　法兰克福证券交易所：赴德融资的目的地

相较于花样繁多的美国资本市场，欧洲各个交易所不可避免地会形成一些"老欧洲"的保守氛围。如在交易所中所有的交易均要以现金结算，即买方必须支付资金才能购买股票，卖方必须在执行订单后立即交割股票。

但欧洲资本市场毕竟拥有近5个世纪的历史，长期的的积淀让欧洲资本市场的产品种类异常丰富。普通股、优先股、认股权证、股票型基金、政府债券等一般性金融产品自不必说，指数连动债券、转换债券、国库券、单位信托凭证、利润参加债券等较为高级的金融产品也可以自由地流通，甚至某些欧洲国家还推出了独具本国特色的金融产品（如法国的殖民地国股票）。丰富的产品种类必然需要更加立体的市场规则加以约束。

本节就以法兰克福证券交易所为准，为大家介绍一下欧洲发达经济体的证券市场基本制度。

1.主要指数

证券指数是分析投资行为决策的基础参照物之一，也是金融衍生商品的主要标的物。而设计并开发股票指数，从而满足全球投资者的需要，正是法兰克福证券交易所的核心竞争力所在。

法兰克福证券交易所的主要指数均以同类行业为标的，即为所有在高级市场、一般市场以及初级市场中具有代表意义的企业，设计了相应的行业指数。据统计，法兰克福证券交易所各层级市场各有18个行业指数及63个附属行业指数。另外，高级市场还设置了9个领先行业指数。这些指数既能帮助投资者更完整地了解企业状况，也能帮助上市企业了解本行业和竞争对手的动态。

具体来说，法兰克福证券交易所最具影响力的证券指数即为DAX。

DAX（Deutscher Aktienindex），又名德国蓝筹股指数。该指数是当今德国市场主要代表指数，大致可分为价格指数和报酬指数两种。DAX的本质是德国30只蓝筹股的加权指数，而入选这30只蓝筹股的股票必须在交易量和市值两方面都位居前列。DAX的计算是以在法兰克福证券交易所大厅和Xetra系统成交的股价为数据基础。当股票的市值发生改变或发生除息现象时，相应的指数即会随之调整。DAX以1987年12月31日作为第一个计算日，基值被设置为1000。

另从2002年6月24日起，法兰克福证券交易所对所有证券指数的计算均以自由浮动的原则进行，即实施公众流通量的算法，由可自由交易的证券数量来决定股价指数的内部权重。这次算法变更可以让指数成分股的权重直接、快速、如实地反映市场中可自由流转的额度状况。

从2006年1月2日起，DAX、MDAX、SDAX、TecDAX等法兰克福证券交易所主要指数，从每15秒计算一次改为每一秒计算一次，并通过特定的信息系统向外界推送。法兰克福交易这种增加主要指数计算频次的做法，有利于提升相关股指的准确性。

上述指数的制作方均为德国交易所集团公司，而德国交易所集团也是全球最核心的指数制作机构之一。目前，德国交易所集团下辖市场信息分析机构所计算的指数已超过3000只。

除持续制作德国境内交易所的指数外，德国交易所集团还和瑞士交易所集团合资共同控制了欧洲指数编制企业STOXX。STOXX公司的主要业务是编制具有区域影响力的证券指数。1998年，STOXX公司发布了第一档指数EURO STOXX 50，EURO STOXX 50指数的本质，是由在法国、德国等12个欧盟成员国资本市场上市的50只超级蓝筹股形成的市值加权平均指数，其数值变动可以直接影响到欧盟乃至西亚、北非地区的金融环境。

此外，德国交易所集团把证券指数当作了核心业务，并围绕指数不断拓展周边业务。如德国交易所集团在2009年5月就推出了"指数法人行为预测（Index Corporate Action Forecast）"业务，为投资者提供上市企业的活动信息，并以这些信息为依据，预测证券指数的走势。指数法人行为预测涵盖了法兰克福证券交易所所有的指数，且会按日更新。投资人可以根据自己的情况，在文件传输协议、超级文本标记语言、电子邮件这3种渠道中任选一种接收指数法人行为预测信息。

2.高流动性

较大的交易额往往意味着较短的资金占用时间和较高的资金使用效率，这明显有利于企业的经营，因此流动性也是很多企业在上市过程中的关注点。而德意志交易所在提升证券的流动性方面，也有着令人印象深刻的良好表现。

在法兰克福证券交易所上市的很多股票具有价格变动幅度小、交易主体多元化的特征，这就直接导致这些股票在市场中频繁易手。而除了常规的股票交易模式，法兰克福证券交易所还为投资者提供了很多附加产品，如认股权证、交易所交易基金、以单一证券和证券指数为标的物的期权和期货等。法兰克福证券交易所是全球最大的期权期货交易平台，该平台可提供多达40万种金融产品，并支持投资者采用对冲、交易、套利等不同方式投资，这就提升了股票的流动性。

法兰克福证券交易所每天的交易笔数要超过210万次，而德国交易所集团2010年到2016年的市场规模走势如表2-3所示。

表2-3　德国交易所集团的市场规模走势（2010—2016年）

	年度	2010	2011	2012	2013	2014	2015	2016
股票	上市数量	765	746	747	720	670	619	592
	上市市值总额（10亿美元）	1430	1185	1486	1936	1739	1716	1732
	市值占GDP的比例（%）	42.86	36.11	41.20	56.46	47.82	51.10	NA
	成交值（10亿美元）	1628.51	1758.18	1275.95	1334.54	1469.73	1555.55	1306.43
	成交值周转率（%）	119.27	119.60	92.02	77.09	77.08	83.02	74.93
	本益比	13.70	9.58	11.85	15.88	14.68	15.83	14.99
	DAX期末指数	6914.19	5898.35	7612.39	9552.16	9805.55	10743.01	11481.06
债券	上市档数	24839	22463	22172	22785	25334	NA	NA
	交易金额（10亿美元）	110.62	68.07	44.15	31.45	25.72	NA	BA

3.上市合作伙伴机制

企业在上市后，仍然需要专业的机构在资本市场中为自己提供支持和指导。诸如向金融市场定期披露涵盖企业产品、管理业绩以及商业活动的专业报告、年度财务报告、季度财务报告等报表，都需要有一定市场经验的机构协助，才能获得市场的肯定。法兰克福证券交易所作为世界资本市场的金融枢纽之一，敏锐地注意到了企业的这种需求，继而建立了"上市合作伙伴机制"。

法兰克福证券交易所可以为上市企业提供下列服务：企业融资顾问、投资银行业务咨询、法务咨询、税务和审计事务咨询、投资和公共关系维护咨询、主承销商及针对性研究咨询。

4.交易系统

法兰克福证券交易所采用Xetra电子交易系统。Xetra系统把全球19个国家、260家国际银行、4600位交易员整合到统一的体系中，其中也包括中国上海证券交易所。这意味着投资者可以自由、快捷地交易在法兰克福证券交易所上市的所有股票，而无须考虑相关股票的市值及相关企业的所属国家。而直接通过Xetra系统开展交易的投资者规模，则更是占到了世界机构型投资资本的35%。因此，Xetra系统堪称全球流动性最好的金融市场电子交易系统之一。

2.6 市场选择：
启动融资程序的最后一步

在一个交易所中按照不同的准入标准，划分出不同的市场板块，可以赋予准上市企业更多的选择。它们既可以以较低的成本进入初级或中级市场融资，也可以做好充分的准备，进入高级市场寻求更多的机会。而股票市场的这种分层设计，无疑是与市场中企业群体的实力差异相契合的。

1.细分板块

根据上市企业不同的发展程度和规模，法兰克福证券交易所将自身划分为高级市场、一般市场、初级市场3个细分板块，每个板块对上市公司的信息透明度要求也有所不同。

（1）初级市场

初级市场是公开市场的一个分市场，而德国政府根据《非官方市场法》为初级市场构建了法律框架。在相对宽松的监管环境下，上市企业在初级市场可以快捷而低成本地买卖其股票。在初级市场上市的企业应公布年度财务报告，其中包括一份由英文或中文撰写的管理报告。

年度财务报告应在报告期终止的半年内发布。财务报告内容既可以按照德国的会计准则撰写，也可按照国际会计准则撰写。在每个财年的上半年结束之后，上市公司应在3个月内发布中期财务报告。另外，准上市公司还应就可能影响股票价格的内部消息予以公开。最后，上市企业的介绍需每年更新一次，并和持续更新的企业行动日程表共同放在企业官网上。

初级市场适合中小企业，德国证券初级市场的上市进程如表2-4所示。

表2-4　德国证券初级市场的上市进程表

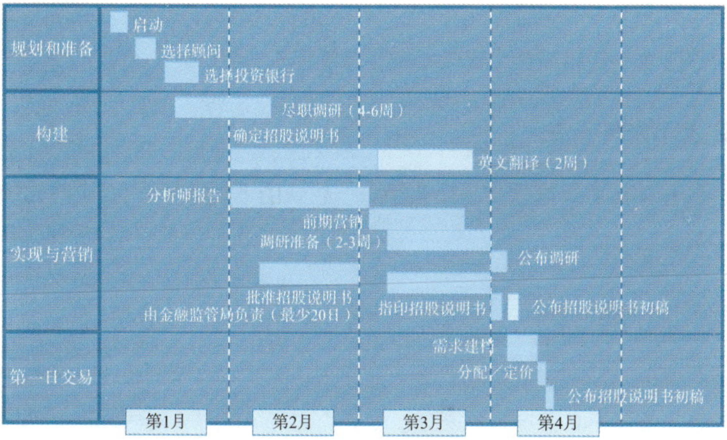
规划和准备
启动
选择顾问
选择投资银行
构建
尽职调研（4-6周）
确定招股说明书
英文翻译（2周）
实现与营销
分析师报告
前期营销
调研准备（2-3周）
公布调研
批准招股说明书
由金融监管局负责（最少20日）
指印招股说明书
公布招股说明书初稿
第一日交易
需求建档
分配／定价
公布招股说明书初稿
第1月
第2月
第3月
第4月

（2）一般市场

一般市场的经营要按照欧盟的市场监管规定进行，即所有在该市场上市的企业都要服从欧盟对金融市场的规范。一般市场适合以德国国内投资者为主要目标的企业。

在一般市场上市的企业需披露年度财务报告，包含一份管理报告。管理报告应在一个财务年度结束之后的4个月内发布。自2005年起，企业的财务报告内容应符合国际会计准则（IFRS）。此外，中期报告应在报告期终止之后的2个月之内发布。对于可能影响到公司股价的内部信息，无论其是否达到报告标准，上市公司也应当给予披露。

（3）高级市场

一般来说，高级市场更适合于国内大型企业。高级市场对信息披露的基本要求与一般市场一致，但除了基本要求，高级市场还要求准上市公司达到世界标准的透明度。因为高级市场的参与者往往是高盛、摩根士丹利这样的国际投资者。为了达到严苛的透明度要求，上市企业应按季度发布财务报告，并在官网持续更新企业的活动时间表。对于在高级市场上市的企业，其财务报告必须以英文书写。此外，上市公司每年最少要举办一场分析师研讨会。

2.上市条件

整体而言，德国交易所集团各个板块的上市条件具有5个方面的差异。

（1）发行申请者

高级市场和一般市场只要求共同申请人是来自德国本土的证券交易所，至于具体是哪家交易所，这两个市场并无特殊要求。而初级市场则明确规定，共同申请人必须是来自法兰克福证券交易所的交易会员。

（2）会计准则

根据上市公司注册地点的不同，德国证券市场3个板块会采用不同的会计准则，分别是：国际会计准则、德国本土的会计准则，以及美国一般会计原则（GAAP）。

（3）发行规模

高级市场和一般市场要求股票市值不得少于125万欧元，而初级市场的同类条件则为75万欧元。高级市场和一般市场要求发布的股本不得低于1万股，而初级市场则没有股本限制。初级市场要求股票面值不得小于1欧元，其他市场板块则没有面值要求。另外，对于最低公众持股比例，高级市场和一般市场的要求为25%，初级市场则较为宽松，为10%且股东数量不小于30人。

（4）发行申请材料

高级市场和一般市场的准上市公司需提供近3年的财务报告，而初级市场的准上市公司仅需提供最近一年的财务报告和最近两年的营业记录。

（5）发行审核主体

对于在高级市场和一般市场发行的股票，其申请材料由法兰克福证券交易所负责审核，而在初级市场发行的股票，其申请材料则由德交所集团负责审核。

在初级市场、一般市场和高级市场中，德国本土企业的分布比较均衡，且更加青睐高级市场，而德国以外的企业则更加倾向于监管环境宽松的初级市场。

3.上市公司团队

在选择完适合自身发展的市场后，最后一步也就是组建我们的上市公司团队了。上市从来都不是上市公司一个人的"战斗"，而是上市公司、中介机构、市场三方共同推动的事业。而国内企业远赴社会、文化形态和中国大相径庭的欧洲上市，则更需要对方国家的专业机构提供协助。因此，当中国企业在欧洲的内在建设完成之后，最后要做的便是集合各方力量来组建上市团队。

中国企业在正式启动上市程序前，至少要在德国市场中找到以下6位"盟友"。

（1）执行董事会与监事会

在准上市公司的执行董事会中，最少要有一位融资市场经验丰富、英语熟练，且能对外代表公司形象的成员。执行董事应当直接负责后续申报责任。而准上市公司应当通过适当的激励措施，确保这位执行董事在企业成功上市之后，继续为公司服务至少一年。

监事会成员应具备金融市场法律、会计以及本行业的从业背景，并能用英语沟通。除此之外，监事会的大部分成员不应和准上市公司及其大股东有任何利益往来。

（2）审计师

审计师应当通过与准上市企业内部的合作伙伴，以及准上市公司所在国家的合作伙伴联合开展审计，并对最终出台的审计报告承担责任。当然，根据准上市企业的财务状况，审计师们可以酌情采用不同的方法和程序。德国审计师对拟上市公司的审计工作具体如图2-7所示。

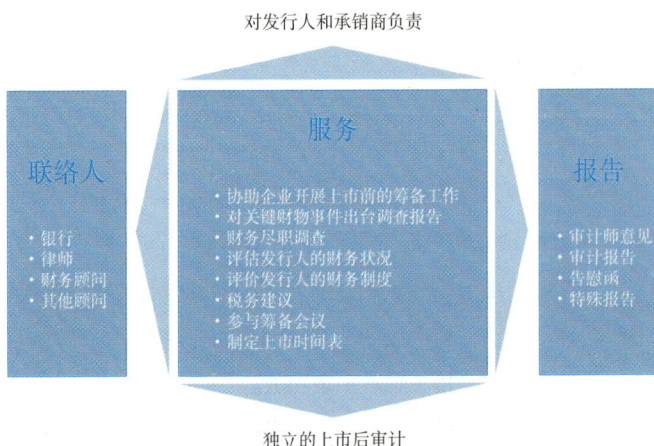

图2-7　德国审计师对拟上市公司的审计工作

对潜在性违规行为实施远程检查一直是审计工作的重点，异常行为的出现往往源自准上市企业内部制度的不统一或缺位。而审计师对违规事项的检查则应当从以下4个方面着眼。

虚假资产。审计师应通过亲自考察来确认相关资产究竟存不存在。

虚假或遗失的银行确认书。对于银行确认书的来源，审计师应当直接从充分知情的银行员工那里取得，或直接从准上市公司的总部获取，而不应考虑其他渠道。

虚假营业收入与应收账款。无论是账目显示已经到账的营业收入，还是尚未收到的账款，审计师都应当亲自和准上市企业的业务伙伴、客户沟通，并从后者那里验证账目的真实性。

不完整信息。审计师应当确保准上市企业及关联方之间的关系获得全面公开，而不应被有意无意地隐瞒。为了达到这个目标，审计师应当主动向准上市公司的法律顾问寻求建议。

（3）投资银行或银团牵头人

银团牵头人要么应具有足够的本地专长来进行现场尽职调查，要么就应任命具有足够本地专长的外部顾问，以进行单独的财务尽职调查与商业尽职调查。

假如选择任命外部顾问，那么银团牵头人还应通过必要的能力检查并评估相关顾问制作的文件。对第三方的任用不可以取代银团牵头人的检查工作。

对于已经暴露的关键问题，承担监督责任的银团牵头人应主动开展补充性的现场尽职调查活动，或在恰当的时机向具有市场、企业及技术专长的本地专家征求意见。对于准上市企业提供的重要数据，银团牵头人应委托独立第三方或行业专家进行实地核实。

我们建议准上市公司的执行董事会及监督部门以"里程碑计划"

的形式，对企业内部进行有约束力的改革，以弥补在审计过程中出现的风险和缺陷。在确认经营风险和制度缺陷时，银团牵头人应结合德国国情、德国法律以及股东的知情权进行综合判断。

（4）投资者关系顾问或公关顾问

为了使协调工作简单化，我们建议准上市企业任命一个团队专门负责处理全部的投资者关系维护工作，即投资者关系顾问或公关顾问。尤其是关乎首次公开募股成败的新闻发布会、分析师见面会等公关活动，投资者关系顾问或公关顾问都应全程参与。

（5）项目协调人

从首次公开募股启动之日起，准上市公司就应当在内部设立一名熟练掌握英语或德语的项目协调人。项目协调人专门负责准上市公司管理层和投资银行、法兰克福证券交易所、独立审计部门等外部专业机构的联络。

（6）律师

律师应根据法律规定，对准上市企业的重组行为进行尽职调查，并撰写公开招股书与上市通函。围绕企业治理、养老金变革等工作，律师应提出自己的建议。律师还应和投资银行、会计及其他顾问就公司股票的承销协议进行谈判，并准备诸如董事会会议纪要的辅助文档。

第3章

手把手教你
赴德上市全流程

对于急需资金的国内中小企业来说，赴德上市无疑是一个值得一试的选择。但鉴于媒体对境外市场曝光度的不足，中国公司对德国资本市场的认识依旧有限。上市是一个企业和平台相对接、相融合的系统工程，无论是上市前的材料准备、事前审批，还是上市中的发行安排、申报环节，抑或是上市后的持续责任，都需要相关企业主动适应对方市场的环境。

3.1 上市细则与成本核算：想玩牌，先得弄明白游戏规则

外国企业要在德国开展商业活动，可以通过组建非独立的分公司来实现。无论是在法律层面还是组织层面，分公司仍是总公司的一部分。因此，凡是对总公司适用的法规对分公司也一样有效。大部分在德国上市的外国公司，都为独立的分公司。

根据德国《商法典》的有关规定，独立的分公司是指在地域上和总部相分离，且长时间存续的公司，德国是其业务拓展地。独立型分公司的特点是：

独立的运营管理。通过总部授权，独立型分公司的经理对外可以自行决定企业的业务事项。

独立的资本配置。独立型分公司的运营资本由其管理层自行支配。

独立的财务体系。对于业务上的往来，独立型分公司会自行设置账目并保存，其中也包含企业的年度资产负债表。

长久的存续时间。独立型分公司不仅可以从事短期业务，还可以和总公司一样开展长期业务。独立型分公司的名称一般和总公司的名称一样，但会加上"德国分公司"的后缀。独立型分公司的债务负担方依旧是总公司，而不是分公司自己。

在德国设立的独立型分公司不需要在位于国外的总公司所在地进行登记，而应向其在德国办公地所在区域的商业登记册进行登记。这些企业登记后，即能确定自身的住所地、商业注册登记编号以及法院

管辖地。独立型分公司的登记行为必须通过总公司的代理人以书面形式办理，且需进行公证。

1.法兰克福证券交易所的上市费用

根据不同的监管市场，法兰克福证券交易所制定了差异化的收费标准。但无论使用何种标准，上市企业的上市费用都不会和自身股票的市值挂钩，且所有的收费项目均会受到法律的限制。因此，在法兰克福证券交易所上市的企业，完全不用担心收费不规范的问题。

（1）一般上市费用

在法兰克福证券交易所上市的企业的一般上市费用包含下列5类。

准入审查费。在欧盟监管市场（即高级市场和一般市场）发行股票，相关企业应缴纳3000欧元的准入审查费，而相关企业在初级市场、报价板块等交易所自我监管市场上市，则不需要缴纳准入审查费。

介绍费/挂牌费。在欧盟监管市场（即高级市场和一般市场）发行股票，相关企业应缴纳2500欧元的介绍费（或挂牌费）。相关企业在初级市场上市，需要缴纳1500欧元的介绍费（或挂牌费），在报价板块上市，需缴纳750欧元的介绍费（或挂牌费）。

撤销费。即撤销挂牌的费用，其收取标准如表3-1所示。

表3-1　撤销费收取标准

情况	市场	费用（欧元）
发行人主动撤销	一般市场	3000
	高级市场	3000
交易所依规撤销	一般市场	2500
	高级市场	2500
仅撤销一部分证券	一般市场	2500

没有时间限制的股票上市年费。对于上市年费，各个市场板块之间的差异较为明显：高级市场为1万欧元；一般市场为7500欧元；初级市场为5000欧元；报价板块为50欧元。

其他费用。除上述4种费用外，准上市企业还需缴纳一部分特定的成本费用，如先期调研费用为1万到3万欧元；就"公开上市前的尽职调查"，向发行股票银行等中介机构支付的费用为10万到40万欧元；撰写并发行招股说明书的成本为5万到10万欧元；律师咨询成本为2万到4万欧元；公证成本为5000欧元；委托第三方会计师事务所进行审计的成本为2万到4万欧元。这些成本合计在20万到50万欧元之间。

（2）收费细则

绝大部分上市费用的接受方为担任保荐人角色的银行，因为银行往往是上市公司证券的主要发行方和承销方。证券发行总额在5000万欧元以下，则其银行中介费率约为6%至8%；证券发行总额在5000万至1.5亿欧元，则其银行中介费率约为5%至6%；证券发行总额在1.5亿欧元以上，则其银行中介费率约为3%至5%。在和承销银行开展定价谈判的过程中，上市企业自身的魅力和其发行团队的谈判技巧，对于降低上市成本往往起着至关重要的作用。

在德上市所要牵扯到的部门及环节繁多，中国企业单靠自身力量一般很难胜任。为了确保上市事务顺利推进，少走弯路，中国公司最好聘用一位可靠的证券市场协调者，对自身的上市行为进行全程辅导。法兰克福证券交易所推荐的上市合作伙伴，基本上都拥有丰富的股票市场经验，中国企业应该予以优先考虑。但聘用这些机构及个人的佣金往往也比较高，相关费用都在20万到30万欧元之间。

（3）上市后股票的维护费用

除了每年必交的年费外（费用为5000到1万欧元），上市企业还需要就个别事务支付相关费用：为了达到股份公司法中的标准，必须定期举行股东大会（费用为5万到20万欧元）；就定期披露企业信息事务，咨询专业人士（费用为1万欧元）；在企业内部设立投资者关系维护部门，或委托第三方投资者关系维护机构进行投资者关系维护（费用为2万到10万欧元）；起草企业运营报告（费用为3万到10万欧元）；举行路演及分析师年度例会（费用为2万到5万欧元）；与指定协助商开展合作（费用为2万到7.5万欧元）；法律咨询（视具体情况而定）。

在现实中，采用普通标准或高级标准上市的企业，其在上市后每年的维护成本最少要20万欧元。而采用初级标准的维护成本则低一些，但也需要5万到15万欧元。尽管这些费用在一定程度上给相关企业的财务造成了负担，但上市为相关企业带来的收益却远超这些费用，何况法兰克福证券交易所的上市成本相对较低。

以美国市场作为参照物，法兰克福证券交易所的上市费用、上市后的维护费用均较美国市场为低。仅以年费为例，纽交所的最低年费为3.8万美元，大幅超过法兰克福证券交易所高级市场的1万欧元，在法兰克福证券交易所上市的高性价比可见一斑。事实上，放眼国际，法兰克福证券交易所上市的总成本一直居于低位。

3.2　上市申请：企业从此刻开始，正式走向德国金融市场

关于在德国上市的要求，以最重要的法兰克福证券交易所为例进行说明，该交易所对于准上市企业的基本要求是：准上市公司必须是股份有限公司；对于参与首次公开募股的企业，其应当组建一支既拥有本国资本运作经验，同时也了解德国资本市场的专业团队。这支团队可以来自德国当地的国际金融顾问机构，也可以来自准上市企业的原所在国。

1.法兰克福证券交易所的服务内容

法兰克福证券交易所能为准上市企业提供下列8种服务。

首次公开发行指示器。显示市场情绪的指标。

法兰克福证券交易所上市合作伙伴。熟悉金融市场的专家可以为上市公司提供业务咨询服务。

法兰克福证券交易所发行人指引。引导准上市企业进行上市申请并完成上市。

上市研讨会。聚焦上市和上市后的证券管理这两大主题进行国际培训活动，如在北京、深圳、上海、法兰克福等城市举行上市研讨会。

欢迎活动。上市公司股票交易的第一天，法兰克福证券交易所会为相关企业举行隆重的欢迎活动。

证券及标准研讨会。以投资者关系维护、公司估值、年度股东大会等专业工作为主题，法兰克福证券交易所会为上市企业组织培训活动。参与相关研讨会的公司可以得到来自行业专家的最新建议。

移动端即时资讯。通过法兰克福证券交易所的官网，上市公司的管理者可通过手机或品牌电脑，随时随地查看本公司的股价、指数行情和金融市场中的新闻。具体查询网址为www.deutsch至boerse.com>Listing>IPO&IR Services>My X至Mobile。

中国上市新闻简报。针对中国客户和市场，法兰克福证券交易所会将中国上市企业的有关资讯及本交易所的新闻发送到相关人士的邮箱中。有需求的人士要订阅中国上市企业的资讯，应先将自己的申请发送到以下地址：Issuer-relations.china@deutsche-boerse.com。

2.全球存托凭证（Frankfurt GDR）

法兰克福证券交易所推出的全球存托凭证，是在适应德国及世界主要金融市场证券法律的基础上，衍生出来的一类特殊金融产品。它的基本原理为：上市企业不直接和德国的金融市场接触，而是将既有的一部分公司股票转交给指定的存托银行，后者会将这些股票转化为存托凭证，继而依托法兰克福证券交易所这个平台，向全世界的投资者发行相关的存托凭证。全球存托凭证由法兰克福证券交易所的结算部门、信托部门进行专门托管，这样就确保了该产品的运营速度和品质。

全球存托凭证的适用对象主要是那些因受到所在国政策限制而不能在国外直接上市的特殊企业。而隶属于德国集中托管部门的企业，也可以通过全球存托凭证在金融市场融资。对于发行人和投资人这两大交易活动的参与主体，由法兰克福证券交易所推出的全球存托凭证给予他们特定的利益。

发行人。享受涵盖上市、交易、清算、结算以及托管在内的配套服务；在全球投资圈获得人脉与经验；开展存托凭证管理业务无须聘请金融中介，故其总成本较低；成为德交所明讯国际结算托管银行，以及卢森堡明讯国际结算托管银行的服务对象；借助德交所明讯国际结算托管银行专业的清算、结算服务，降低金融风险；可以选择采用中央对手方模式（Central Counterparty）完成结算；全球存托凭证即适用于普通股，也适用于优先股。

投资人。借助法兰克福交易专业而全面的整合系统，快速开展对全球存托凭证的交易和清算；可以在以欧元或美元计价的全球存托凭证中自由选择；既能用欧元分红，也能用美元分红；开展托管业务无须金融中介参与，故其总成本较低；无须承担国际清算以及证券托管的相关费用；方便购买和持有发行人的普通股，而无须在海外开设账户；可以直接买入或持有发行人的普通股，而不需要在德国以外国家另行开辟账户；全球存托凭证与标的股份可以自由转换。

3.在德上市申请

在法兰克福证券交易所，受官方监管的高级市场、一般市场，其上市条件都很严格，但投资者的权利与市场的透明度在这两个市场也可以得到最大限度的保障。而不受官方监管的初级市场，其上市条件则较为宽松。

（1）欧盟监管市场（即高级市场和一般市场）

申请团队须包含资本达73万欧元以上且为德国本土股票交易所会员的银行机构，后者的身份为保荐人。

欧洲区域内的申请企业应按照国际财务报告准则（IFRS）撰写合并财务报表。而对于单一财务报表，相关企业可以在国际财务报告准则（IFRS）和德国会计准则之间自由选择。欧洲区域外的申请企业应按照国际财务报告准则（IFRS）或美国一般会计准则撰写财务报表。

申请企业的最小股票市值应达到125万欧元。

最低股本发行规模应达到1万股；欧洲经济区内的公众持股比例不得低于25%。

需要提交的文件：公开发布的招股说明书；由德国联邦金融监管局或欧洲经济区其他监管部门出具的批准文件；商务登记记录；企业章程；企业董事会、监事会的决议；注册许可证；若上市标的物为"存托凭证"，则需提供相关的存管文件；包括最近3年经营状况的财务报表；最近一年的管理层报告。

发行审核监管的主体为法兰克福证券交易所。

发行申请文件的提交渠道为ERS（Exchange Reporting System）系统。

（2）初级市场

申请团队须包含资本达73万欧元以上且为法兰克福证券交易所会员的银行机构，后者的身份为保荐人。

如果申请企业在欧盟境内注册有分支机构，可按照德国会计准则撰写财务报表。如果申请企业未在欧盟境内注册分支机构，则应按照国际财务报告准则（IFRS）撰写财务报表。

除债券发行人外，所有申请企业财报中的营业记录至少要包括最近2年的资金状况。

申请企业的最小股票市值应达到75万欧元，债券发行人不受此项规定的限制。

证券最小股份面值应为1欧元，而对于债券而言，其面值则不能高于1000欧元。

可自由流通的公众持股比例不得低于10%，且股东人数不少于30人。债券发行人不受此项规定的限制。

需要提交的文件：公开发布的招股说明书；由德国联邦金融监管

局或欧洲经济区其他监管部门出具的批准文件；商务登记记录；企业章程；公司简介；企业日程；发行企业和德意志交易所上市合作伙伴的书面协议；共同申请人对准上市公司有关信息的证明，包括：经营状况、资金流动性、内部风险控制、信息披露机制，以及来自股东、投资者、分析师、企业内部合规部门的支持；共同申请人对于准上市公司董事会具备专业知识或经验的声明；若上市标的物为"债券"，则准上市企业需提供主要经营数据，以及最新的企业或债券评级；拟发行股票的国际证券识别编码；经过审计的、最近一年的管理层报告和年度报告。

发行审核监管的主体为德意志交易所集团。

发行申请文件的提交渠道为elisting电子平台。

仍需提醒注意的是，对于股票性质、最低股本发行规模，初级市场没有具体要求。

（3）报价板块

申请团队应包括在法兰克福证券交易所进行连续竞价交易的大厅做市商。

对于股票性质，报价板块要求相关公司的股票，此前已经在德意志交易所集团认可的其他交易所中完成了上市。

需要提交的文件：关于挂牌证券的主要描述，包括其拟上市的首家交易所、拟发行股票的国际证券识别编码；上市申请书，该申请书须由一家已经获准在法兰克福证券交易所交易的企业提交，其格式应为德国监管部门制定的格式，或是可供鉴定的发行人数据表；由注册会计师或律师出具的总额为25万欧元的股本说明书。若上市企业发行的是非股权类证券（如债券），则需提供以下至少一项文件：现有交易场所的证明、经批准的发行说明书、发行人相关信息表格（包括发行人简介、财务报表、债券的条款等）。

发行审核监管的主体为德意志交易所集团。

发行申请文件的提交渠道为elisting电子平台。

对于会计准则、营业记录、最小证券市值、最低股本发行规模、最小股份面值、公众持股比例，报价板块没有具体要求。

首次公开募股（IPO）把在德国市场上市的企业引入到了一个全新的市场环境中，为了顺利适应这种环境。相关准上市企业必须落实好申请过程中的每一项重要环节。

（1）撰写招股说明书

撰写招股说明书是准上市企业团队要承担的最重要的任务。招股说明书的内容主要是企业介绍。它不仅包含了企业最近一段时间的全部财务数据、经营团队信息，也包括企业的经营目标、竞争对手及发展策略。

（2）IPO前的沟通

组建投资者沟通渠道，是准上市企业吸引投资者关注的首要工作。其中，投资者关系网站作为准上市企业对外形象的集中展示，是所有准上市公司都必须建设好的宣传载体。准上市公司不仅要对投资者关系网站中的信息进行实时更新，而且还得依托该平台，主动和投资者交流。

（3）路演宣传

准上市公司宣传活动的关键部分在于"路演"，即在公共场合向潜在的投资者推介自己的经营计划和上市前景。德国常见的几大路演城市为法兰克福、杜塞尔多夫、柏林以及慕尼黑。

（4）首次公开募股的定价和配售

"竞价投标"程序几乎贯穿于准上市公司从路演到正式挂牌的所有阶段。在此期间，主承销商会实时跟踪准上市公司在各个城市巡回路演的过程中所得到的外界反馈，承销商会根据潜在投资人的买入意愿，预测后者在不同价位下买入的股票数量，继而确定待上市股票的发行价格和发行数量。

（5）特别规定

对于前期已在美国上市的企业，德意志交易所集团允许相关公司直接以原先递交给美国证券交易委员会的文件，向法兰克福证券交易所等德国股票市场申请上市，这样就可以降低相关企业的时间成本和财务成本。对于未列入美国上市文件，根据《欧盟招股说明书指令》必须提供的信息，相关企业必须将其加入附加文件中，和原上市材料一并上报德意志交易所集团。

3.3 审查与治理：通过审查是赴德上市的第一步

科学而严谨的上市审查机制，是金融市场稳步发展和保持良好声誉的大前提，作为具有国际影响力的德国证券交易所，对此也有清醒的认识。经过持续多年的改革，今天的德国股票市场，已经建立了安全和效率兼顾的上市审查机制。

德国证券发行上市的审批权力，由联邦金融监管局与德意志交易所集团共同行使。这两大机构分工明确，联邦金融监管局负责对招股说明书进行审查，各交易所负责对上市条件进行审验。双方不会就同一份申请材料进行重复审核。所有的发行审查活动以信息披露为核心，重点为招股说明书。

1.有价证券上市审查基本流程

正如企业在申请上市时，会按照不同的市场板块的要求准备不同的材料一样，法兰克福证券交易所对上市企业的审查也是按照不同的板块进行的。

高级市场和一般市场。联邦金融监管局负责审批准上市企业的招股说明书，在获得批准之后，准上市企业方可向法兰克福证券交易所投递上市申请，相关材料会由交易所的管理委员会（The Management Board）进行二次核准，并去决定是否允许其上市。交易的管理委员会的委员从交易所最高决策单位"交易所理事会"中产生，其任职时间为5年。这些委员必须具备联邦金融监管局和法兰克福证券交易所要求的专业能力，且需负责交易所的日常管理。

初级市场。 德意志交易所集团在对准上市企业递交的材料进行审核的过程中，会特别注意相关企业对社会的影响。如果德意志交易所集团认为准上市企业的上市行为，会严重损害公众利益，那么即便相关企业符合条件，也依旧会被德意志交易所集团拒绝。而当准上市企业在递交上市申请的半年内，不能证明自身条件符合上市标准，那么德意志交易所集团就会撤销其上市申请。

2.上市审查的重点—招股说明书

在德国监管部门看来，企业的招股说明书是极具指标意义的追责文件。按照德国的债券法律规定，招股说明书必须明确指出对内容真实性负责的具体人员。此外，招股说明书还必须包含准上市企业负责人、投资银行负责人等申请主体的签字。对于招股说明书财务部分，准上市企业必须邀请专业的审计机构进行审计，并对财务报告的真实性负责。

德国联邦金融监管局对招股说明书的审查工作，往往会围绕后者的完整性、统一性与可读性进行。

一般而言，联邦金融监管局对招股说明书的审验，不包括对其内容准确性的审核。但是一旦在上市审核的过程中，联邦金融监管局凭借一定的证据，能够推测招股说明书存在关键错误或遗漏，可以直接暂停相关企业的上市进程。当联邦金融监管局认定招股说明书确实存在关键错误或遗漏时，则可以直接禁止相关企业上市，并撤销之前的一切核准信息。

联邦金融监管局的审核团队长年维持在35人左右，对具体项目的审查小组一般由2至3人组成。为了确保核准行为的统一性，联邦金融监管局针对已经进行过核准流程的企业建立了案例库，以供审查团队参考。

3.上市审核细则

准上市公司申请首次公开募股的程序一般是：首先向联邦金融监管局递交招股说明书。然后在获得后者批准后，准上市公司再向法兰克福证券交易所呈交上市申请。从呈交招股说明书到证券正式挂牌交易，其周期往往需要7到9周。

联邦金融监管局在收到准上市企业的申请材料后，首次反馈周期一般是20个工作日。假如准上市企业已在欧盟境内其他国家的受监管市场上市，或相关准上市企业申请的是"增发交易"，则其反馈周期是10个工作日。通常来说，对招股说明书的全套审查流程需要6周。

法兰克福证券交易所在接到准上市企业的上市申请后，会对后者的上市条件逐项审查。对达不到要求的申请材料，法兰克福证券交易所的审查人员会要求相关企业提交补充文件。而对于达到上市条件的申请材料，法兰克福证券交易所的审查人员会将其上报给交易所管理委员会，后者会做出最终的裁定。从准上市企业递交上市申请材料，到正式进行证券挂牌交易，其周期往往需要1到3周。

法兰克福证券交易所等交易平台，在对准上市公司的申请材料开展审查的过程中，会围绕财务数据、流动数据等条件进行重点审查。

例如，对于"一般市场"，其核心的上市条件有：最近3年的经营历史；预期上市证券市值不低于125万欧元；最少股票发行量为1万股；证券可自由流转等。法兰克福证券交易所的审查决议，由4人构成的交易所管理委员会制定。尽管相关的上市决议具有行政性，但交易所管理委员会并不具有自由裁量权。也就是说，只要准上市企业在客观上达到上市条件，那么交易所就无权驳回其上市申请。

4.上市审查行为≠对公司进行实质判定

德国的证券发行审核制度以信息披露为核心，故法兰克福证券交易所的上市审查行为也仅是形式上的审查，不会对准上市企业进行实质判断。只要准上市企业的招股说明书达到完整性、统一性及可读性等方面的标准，德意志交易所就会批准上市。在实践中，包括法兰克福证券交易所在内的德国各类证券交易所，很少会否决公司的上市申请。

对于公司性质、财务状况、经营风险、商业模式等与准上市企业业务有关，而与上市标准无关的经营性因素，联邦金融监管局和法兰克福证券交易所不会对其开展专项审查。但包括投资银行、法律顾问以及审计师在内的中介机构会在准上市企业申请前期，对这些经营性因素开展评估、判定活动。对于这类信息，准上市企业应当在招股说明书中充分公开。

总的来说，法兰克福证券交易所的审批流程较为简便，其优势可被总结为以下3个方面，如图3-1所示。

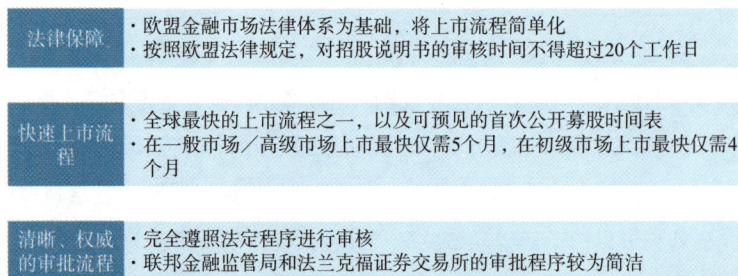

法律保障	·欧盟金融市场法律体系为基础，将上市流程简单化 ·按照欧盟法律规定，对招股说明书的审核时间不得超过20个工作日
快速上市流程	·全球最快的上市流程之一，以及可预见的首次公开募股时间表 ·在一般市场／高级市场上市最快仅需5个月，在初级市场上市最快仅需4个月
清晰、权威的审批流程	·完全遵照法定程序进行审核 ·联邦金融监管局和法兰克福证券交易所的审批程序较为简洁

图3-1　法兰克福证券交易所的审批制度的优势

5.德国股票市场治理体系

在德国的股票市场中，除了有完善的上市审查制度，更有健全的治理体系。为了让自己的品牌在德国资本市场获得长久的认可，中国企业在上市阶段，就应该按照德国的公司制度，逐步优化自身的治理体系。

下面，我们就从顶层设计、法律顾问、投资者关系维护等6个方面，探讨一下德国上市公司健全治理体系的办法。

（1）顶层设计

在顶层设计方面，中国企业设在德国的分支机构应坚持并完善"双层委员会制"。一方面，相关分支机构应确保监事会成员与企业管理层之间保持距离，避免双方的利益纠葛，从而确保监事会的独立性。另一方面，相关分支机构应当将职工纳入公司的监事会中，从而调动德国员工的"主人翁"意识。标准的德国企业法人治理结构如图3-2所示。

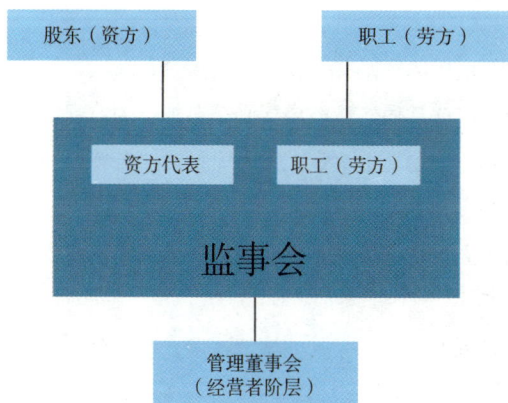

图3-2　德国企业的法人治理结构

（2）法律顾问

任何在德国境内市场特别是在法兰克福证券交易所上市的企业，

都应当引入同时具备企业管理和银行事务经验的专业人士，作为公司的法律顾问。而这些法律顾问不仅要负责参与上市前的文书起草，而且还得负责处理企业在上市后的法律事务，如现场审查和与上市企业管理层人员的谈话。

在交易的特定环节中，上市公司的法律顾问会根据德国法律开具法律意见书与披露函。而披露函作为尽职调查和招股说明书会议的成果，应当包含一份揭示招股说明书错误内容的特别说明。法律顾问开具法律意见书与披露函的目的在于：向外界公开相关企业的法律状况及法律风险，继而保护承销银行等中介机构。

需要特别说明的是，在德国上市的中国企业最好组建两个"法律顾问团"，即中国法律顾问团和德国法律顾问团。前者负责处理德国分公司和中国总公司之间的合规事务，后者则专门负责处理德国分公司的上市事宜。

（3）投资者关系维护

遵守证券市场的规则并不仅限于上市企业首次公开募股的申请阶段，当企业上市成功后，依然要接受来自外界的监督。其中，投资者对上市公司的态度会直接决定上市公司股票的走势。

因此，想要进入法兰克福证券交易所上市的企业在上市筹备阶段，就应当建立投资者关系维护机制，并为该机制提供充足的资金支持和人力支持。

在上市筹备阶段，为了加快申请速度，有关企业可能会将市场公关事务外包给德国的中介机构。而当有关企业完成首次公开募股后，就应当将开展市场公关事务的主动权抓在自己手中，即在企业内部设立以投资者关系经理为核心的证券市场公关部门。

证券市场公关部门的首要职责是：主持并协调上市公司董事会成员和交易所、金融中介机构之间的沟通活动，并针对这几方之间的固定交流活动和非固定交流活动，制订年度计划。如定期或临时的电视电话会议。

其次，证券市场公关部门还应当实时关注所在企业股票的运行状况，并根据自己掌握的信息回应来自投资者、分析师以及媒体记者的咨询。同时，投资者关系经理应当带领证券市场公关部门的人员定期访问德国，亲自参与与所在上市公司有关的证券市场会议。在会议上，投资者关系经理应当代表公司回答外界的质询。

除了对外的公关事务，证券市场公关部门还应承担一部分上市公司首次公开募股之后的持续性义务。其中包括：撰写并翻译关于表决权的临时公告及通告、撰写新闻发布稿件、参与撰写季度报告和年度报告、参与筹备年度股东大会、对准上市企业官网的投资者关系部分进行更新等。

微观层面，上市企业的证券市场公关部门应当注意两点：首先是本部门在平时就应当主动和投资者、媒体交流，增进外界对企业的好感度；其次是当投资者、媒体向自己征询有关公司股票的问题时，证券市场公关部门应先向公司的财务、行政等部门征求意见，并尽可能在24小时之内回应外界的问题。

（4）财务报告

从2000年起，德国上市企业的股权架构逐渐从集中走向分散。随之而来的影响就是广大中小企业投资者无法从上市企业内部获得有价值的信息。因此，及时的财务信息公开就成了上市公司保障走向股东权益的必由之路。

根据《德国公司治理法典》的规定，上市企业不但要公布年度报告，还要公布中期报告。上市企业对于这两份报告应当遵照世界公认的会计准则撰写，且要真实、全面地反映公司资产和利润的状况。对于关联公司合并财务报告，则应由董事会亲自制定，并由审计员会同监事会进行审查。

为了实现上述目标，准上市公司和已上市公司的财务部门应作出
以下努力：建立符合世界资本市场标准的财务报告和会计报表模板，
相关模板不但要囊括企业的经营全貌，而且要有对各部门进行的单独
报告；培养通过可核对的财务关键指标和非财务关键指标，预测或印
证证券市场的能力；按时公开财务报表（包括年度、集团合并及季度
报表）、投资者信息以及分析师意见；编制跨度至少为3年的预算；
在记录财务数据时，遵守德国财务报告执行检查监督委员会
（Deutsche Prüfstelle für Rechnungslegung，德文缩写DPR，英文
缩写FREP）发布的标准，并建立应对德国财务报告执行检查监督委员
会检查的工作流程。

（5）资本市场合规

为了确保公司的内部行为特别是信息沟通行为能符合法兰克福证
券交易所的要求，避免公司股票因内幕交易等违法行为而遭受损失，
上市公司应划分出内幕人士，并建立内幕人士名单及临时公告流程。

（6）其他

除了上述5个方面的优化，上市企业还应当根据法兰克福证券交
易所的要求，在自身内部建立以"风险预先识别系统"为核心的内部
管控机制，并对自身的税务结构、税务策略做出一定的修改。

3.4 德国交易所的基本框架与交易细节

在证券市场当中，股票要么处在交易的状态，要么就处在待交易的状态。而在素以高流动性闻名的德国证券市场中，股票交易更是上市公司、券商、中介机构以及交易所自身获取收益的重要渠道。为了实现交易过程的规范化和灵活化，德国交易所都围绕自己的交易制度做出了科学的安排。

1.德国法兰克福证券交易所基本框架

法兰克福证券交易所的集中市场交易框架如下：

（1）市场主要参与方

法兰克福证券交易所的会员主要有下列四类形态：第一类是经纪兼自营结算会员，可从事自身交易及代客交易，同时负责相关的结算作业；第二类是单纯的经纪兼自营会员，仅从事自身交易及代客交易，不负责相关的结算作业；第三类是全业务会员，不仅可以从事自身交易及代客交易，而且还可以和其他会员单位从事交易，同时负责有关的一切结算作业；最后一类为结算会员，不负责交易，仅处理结算业务。

（2）交易时间

逐笔交易。开市前（pre-opening）为7:30—9:00，开盘竞价时间是8:50—9:00，盘中时间为9:00—17:30（逐笔交易），盘中集合竞价时间是13:00—13:02，收盘集合竞价时间是17:30—17:35（结束时间允许存在30秒的前后波动，不会锁定在17:35）。

指定集合竞价交易。13:25—13:30（结束时间允许存在30秒的前后波动，每个交易日只集中竞价一次，只确定一个价格）。

（3）交易优先项

法兰克福证券交易所秉承价格优先、时间优先、显性委托（visible order）优先于隐性委托（hidden order）、市价委托优先于挂单限价委托的交易优先原则。另外，在定有最小接受数量的前提下，中价委托交易（midpoint order）遵循数量优先或时间优先的原则。

（4）股价波动单位

原股价在9.999欧元以下的股票，股价的波动单位为0.001欧元；原股价在10到49.995欧元之间的股票，波动单位为0.005欧元；原股价在50到99.999欧元之间的股票，波动单位为0.01欧元；原股价高于100欧元以上的股票，波动单位为0.05欧元。

（5）相关费用

德国股票市场的国际化水平极高，对外国投资者不设置任何准入限制。同时，外国投资者交易在法兰克福证券交易所上市的股票，无须缴纳印花税与资本利得税。至于手续费的收取标准，投资者可同经纪商通过平等协商收取。当然，投资者在交易DAX指数成分股时，根据交易量的规模，仍需缴纳一定数量的交易经手费与市场使用费。

法兰克福证券交易所的股票交易收费项目如下：

交易经手费。高交易量的交易经手费为每笔最低0.6欧元，正常交易量的交易经手费每笔最低0.63欧元，低交易量的交易经手费每笔最低0.69欧元。

市场使用费。高交易量的市场使用费为每年2万欧元，正常交易量的市场使用费为每年5000欧元，低交易量的市场使用费为每年2000欧元。

资本利得税。外国投资者免税，本国投资者持有相应股票超过半年的免税，持有相应股票不到半年，则并入所得税计算。

（6）交易载体

法兰克福证券交易所一般采用两种交易模式，分别为Xetra电子化买卖系统与场内做市商持续竞价买卖机制。场内做市商持续竞价买卖机制往往适用于流动性很差的股票（特别是在报价板块上市的股票）。

而作为法兰克福证券交易所主要的交易载体，Xetra电子化买卖系统具备了4个方面的优势。

首先，Xetra电子化买卖系统具有较高的高透明度，每一只股票在某一价位及数量上的交易需求，会被实时地显示在订单簿上；其次是无形化，投资者可以自由下单；再次，Xetra电子化买卖系统能够同时支持证券、债券、基金等多种金融产品的买卖；最后，由于设置有断路器机制（Volatility interruption），Xetra电子化买卖系统也具有较高的安全性。当某只股票的股价出现明显偏离正常范围的情形时，相关股票的交易行为会被暂停，直到相关股票的价位回到正常范围内。

除Xetra电子化买卖系统外，德意志交易所集团还设置了另外一个电子化交易平台，即Tradegate Exchange。Tradegate Exchange系统的服务范围是除法兰克福证券交易所之外的其他德国本土交易所，目标人群为个人投资者。

2.德国法兰克福证券交易所交易细节

欧洲各大交易所的基本交易单位是"股"，但这并不意味着欧洲各大交易所之间对于常态化交易的规则都趋于一致。事实上，围绕竞价方式、委托类型、交易价格以及交易暂停等工作，欧洲各大交易所都根据本国市场的实际情况做出了不同的规定。下面就让我们来了解一下，关于德国法兰克福证券交易所的交易细节。

法兰克福证券交易所的常态化交易包括以下5个方面。

（1）委托类型

法兰克福证券交易所的委托类型总体上有7种，其中市价委托、限价委托、市价转限价委托是其中最基本的形态，如表3-2所示。

表3-2　法兰克福证券交易所的委托类型

类型	内涵
市价委托	没有限定价格的交易委托，按盘中的下一个成效价进行撮合
限价委托（或触价委托）	投资者按自己的主观判断，设置某一个价格开展交易委托
市价转限价委托	投资者不进行主观判断，而是遵照委托簿中的最佳限价来开展交易委托
冰山委托	投资者必须输入限价、全部委托数量和尖峰数量（peak volume） 其中，尖端数量向市场公开，全部委托数量则被隐藏
数量发现委托	投资者在冰山委托的基础上输入限价，当输入第二个限价时，尖峰数量中的股票便会以当时的中价成效
买卖中价委托	投资者以当时的有效买入揭示价和有效卖出揭示价的中位数执行委托
隐藏委托	投资者输入完全不可见的限价委托单时，该交易的规模要比一般委托的规模大

（2）竞价方法

开盘、盘中特定时段以及收盘阶段，共开展3场集合竞价，盘中其他时段采取逐笔交易。

集合竞价价格。股票在同时满足最大成交量和最小余额这两个条件时，正好只有一个价格，即为集合竞价价格。集合竞价价格等于参考价格时，可以有数个限价：如果只有买方余额，集合竞价价格等于最高限价；如果只有卖方余额，集合竞价价格等于最低限价；如果同时有买方余额和卖方余额，集合竞价价格可以是最低限价、最高限价或参考价格中的任意一个；如果买卖双方都没有余额，集合竞价价格等于最逼近参考价格的限价，或等于参考价格。中价委托（midpoint order）不可以参与集合竞价。

当委托簿上只有市价委托时，集合竞价价格等于参考价格。而当委托簿上没有可撮合的委托时，无法确定集合竞价价格。

持续交易价格。委托类型不同，相应的持续交易价格也会有所不同。

第一种委托类型是新入市的市价委托。当委托簿中只有市价委托时，持续交易价格等于参考价格。当委托簿中只有限价委托时，若买入限价委托撮合，则持续交易价格等于最高买入限价；而若卖出限价委托撮合，持续交易价格等于最低卖出限价。

第二种是在委托簿中同时有市价委托和限价委托，且买入市价委托和限价委托正在撮合的情况，当参考价格大于等于最高买入限价，则持续交易价格等于参考价格；当参考价格小于最高买入限价，则持续交易价格等于最高买入限价；当参考价格小于或者等于最高买入限价，则持续交易价格等于参考价格；当参考价格大于最低卖出限价，则持续交易价格等于最低卖出限价。

第三种委托类型相对较容易理解，当委托簿中没有任何委托时，自然没有持续交易价格。

第四种是委托类型，是新入市市价转限价委托，若委托簿上只有市价委托，则无持续交易价格；若委托簿上只有限价委托与买入限价委托相撮合，则持续交易价格等于最高买入限价；若委托簿上只有限价委托与卖出限价委托相撮合，则持续交易价格等于最低卖出限价。若委托簿中同时有市价委托和限价委托，则无持续交易价格；而若委托簿中没有任何委托，也不会有持续交易价格。

第五种委托类型是新入市限价委托，分为以下四种情况：

如果委托簿中只有市价委托，在和买入市价委托撮合时，当参考价格大于等于最低卖出限价时，持续交易价格等于参考价格；当参考价格小于最低卖出限价时，持续交易价格等于最低卖出限价。当参考价格小于等于最高买入限价时，持续交易价格等于参考价格；当参考价格大于最高买入限价时，持续交易价格等于最高买入限价。

如果委托簿中只有限价委托，当最高买入限价大于或等于最低卖出限价时，和买入限价委托撮合，持续交易价格等于最高买入限价；和卖出限价委托撮合，持续交易价格等于最低卖出限价。当最高买入限价小于等于最低卖出限价时，无持续交易价格。

如果委托簿中同时有市价委托和限价委托，在与买入市价委托和限价委托撮合的情况下，当参考价格大于等于最高买入限价时，持续交易价格等于参考价格；当最高买入限价大于等于最低卖出限价，并大于参考价格时，持续交易价格等于最高买入限价；当最低卖出限价同时大于最高买入限价和参考价格时，持续交易价格等于最低卖出限价。在与卖出市价委托和限价委托撮合的情况下，当参考价格小于等于最高买入限价及最低卖出限价时，持续交易价格等于参考价格；当最高买入限价小于等于最低卖出限价，并小于参考价格时，持续交易价格等于最高买入限价；当最低卖出限价同时小于最高买入限价和参考价格时，持续交易价格等于最低卖出限价。

如果委托簿中没有任何委托，则无持续交易价格。

买卖中价（midpoint）委托交易价格。一项买卖中价委托只能和另一项买卖中价委托交易。如果一项买卖中价委托设置了最低接受数量（Minimum Acceptable Quantity，MAQ），在相关的撮合交易就应按照该数量上进行。买卖中价委托交易的有限顺序为数量优先或时间优先。

若最高买价小于最低卖价并大于中间价格，则无成交价格；若最高买价大于最低卖价并小于中间价格，则无成交价格；若最高买价大于最低卖价并大于中间价格，而最低卖价小于中间价格，则按中间价格成交；若最高买价大于最低卖价、并大于中间价格，而最低卖价小于中间价格，且发生波动（volatility interruption），则无成交价格；若最高买价大于最低卖价并大于中间价格，最低卖价小于中间价格，且设置了最低接受数量，则在最低接受数量的限制下，按中间价格成交。

（3）委托执行逐笔交易的情况

投资者在开展逐笔交易时，无论其采用何种委托方式，都可能遇到以下状况：

立即成交否则取消委托（immediate-or-cancel order；IOC order）。委托单整体成交或是部分成交，否则取消相关委托。这时未成交的委托会被取消，且不进入委托簿。

全部成交否则取消委托（fill-or-kill order；FOK order）。委托单整体成交或是整体被取消。假如委托无法立刻全部成交，则相关委托单会被全部取消，且不进入委托簿。

对于限价委托单，其逐笔交易的情况还会更加复杂。

进入委托簿或取消委托（book-or-cancel；BOC order）。在持续交易过程中，委托单要么立即成交，要么被取消。而无论成交与否，相关委托单都会进入委托簿；在集合竞价过程中，限价委托单会被取消，且无法进入委托簿。

卓越委托（top-of-the-book；TOP order）。投资者在委托单中设置的价位如果比委托簿计算出的价位更加精准，那么相关委托即可进入委托簿。

（4）委托的有效期限

法兰克福证券交易所的委托有效期分为三种：第一种是只在输入委托单的当天有效；第二种是在指定日期前有效，请注意，这里的指定日期可以是下单之后90个日历日中的任意一天；第三种则是在取消前有效，具体说来，是指在委托单成交之前、委托人取消委托单之前，以及在交易系统最长有效期（自下单起，往后360个日历日）之内均有效。

（5）一般交易限制

法兰克福证券交易所Xetra系统的一般交易限制指令如下：

投资者只参加开盘集合竞价（Opening auction only；OAO）。仅在开盘集合竞价时有效。

投资者只参加收盘集合竞价（Closing auction only；CAO）。仅在收盘集合竞价和盘中集合竞价时有效。

投资者只参加集合竞价，且不参加逐笔交易（Auction Only；AO）。仅在集合竞价时有效。

投资者只参加余额成交委托（Accept surplus）。余额成交委托可以让投资者和集中竞价完成之后的余额成交。但鉴于该委托性质特殊，故投资者只能在集合竞价过程中的平衡阶段（balancing phase）输入委托指令。投资者在开展余额成交委托交易时，可搭配立即成交否则取消指令或全部成交否则取消指令。

买卖中价委托、隐藏委托、市价转限价委托以及冰山委托不受以上交易限制指令的约束，而其余委托交易则必须接受以上限制的管控。

3.5　特殊交易与信用交易

与欧洲证券市场多样化的上市板块相呼应的，是欧洲证券市场多样化的交易类型。除了普通投资者之间随行就市、量力而行的常态化交易，欧洲各大交易所也针对投资者的非主流需求，分别设置了诸如巨额交易、零股交易等特殊交易的运行规则，德国的交易所自然也不例外。

1.德国法兰克福证券交易所特殊交易制度

法兰克福证券交易所的特殊交易制度包括以下8个方面。

（1）巨额交易

从基于交叉（crossing）架构的Xetra交易系统5.0版本起，法兰克福证券交易所开始向市场提供巨额交易机制。巨额交叉（Block Crossing）的交易形式由委托驱动（order-driven），其基本原则包括：

在任意交易日中，任何股票会依照交易所制定的巨额交叉进程表，开展有次数限制的巨额交易。

根据从参考市场产生的交叉价格（crossing price），委托会会开展交易配对，但这种行为并不会对股价造成影响。因此，在巨额交易中，投资者委托的限价依然是成交的唯一标准。

交叉价格等于参考市场中最佳买入、卖出揭示价的中间值（mid point）。

巨额交易委托按照数量/时间优先（volume/time priority）的顺

序执行。

交易以匿名形式开展。交易当天的盘中，市场参与者无法从交易屏幕中分辨出相关巨额交易的委托人身份和委托数量。直到交易当天收盘之后，交易所才会将巨额交易委托人的身份公布在交割清单中。

针对任意股票的巨额交叉交易，交易所都会有最小委托数量限制。巨额交易委托单的数额只有达到最小委托数量，且为交易所设定参数的整数倍时，相关委托才能顺利进入市场。

为确保报价的品质，交易所规定参考交叉价格（indicative crossing price）应符合两条标准：参考市场的最优买卖揭示价差距小于等于交易所设置的最高价差，交易中价出现的时间不超过交易所设置的时限。

巨额交叉交易只允许市价委托和限价委托，所有委托仅限当天有效。

在巨额交易过程中，不存在波动度中断（volatility interruption）、市价委托中断（market order interruption）和委托簿平衡阶段（order book balancing phase）这3类情况。

巨额交易过程可被分为委托输入前（pre-call phase）和委托输入（call phase）两个阶段。

在交易日全天的任意时点，投资者都可以输入、调整或删除委托。

在委托输入前（pre-call phase）和委托输入（call phase）这两个阶段，委托簿会被暂时关闭。

交易所会按照当时的中价制定先决门槛，当市价委托（或限价委托）的委托价格达到该门槛（买入单大于等于该门槛、卖出单低于等于该门槛）时，相关委托单便会触动巨额交易进程，并从委托输入前阶段自动进入委托输入阶段。

当巨额交易成交，交易系统会立即向投资者反馈成交报告。

在会计层面，每日交易后阶段（post-trading phase）的结束，即被视为一个交易日的结束。

（2）零股交易

零股交易的最低交易单位为1股。

（3）外资投资规定

德国证券市场的外资投资规定如表3-3所示。

表3-3　德国证券市场的外资投资规定

项目	规定
投资资格条件	·外国投资者可自由地交易在法兰克福证券交易所上市的所有证券 ·外国投资者可自行决定其持有的资金或证券的去向 ·外国投资者必须在法兰克福证券交易所认可的银行，办理出入金或国际汇款手续
申请投资程序	无特别规定
最高投资金额	
最高投资比例	
违规处罚	

（4）场外交易

法兰克福证券交易所并未禁止场外交易，因此在该交易所上市的任何股票也可以在其他地区上网交易平台、店头市场或电子通信网络ECN进行交易。

（5）特殊交易规定

为适应特殊交易形式，法兰克福证券交易所增添了下列规定：

只参加主交易阶段（Main trading phase），委托执行起始于开盘集合竞价阶段，终止于当日收盘或盘中的集合竞价阶段，在此期间任意时点的买卖行为都有效。

只参加主交易阶段的集合竞价（Auctions in main trading phaseonly），

委托执行起始于开盘集合竞价阶段，终止于当日收盘或盘中的集合竞价阶段，只有在此期间集合竞价阶段的买卖行为才有效。

只参加当日收盘集合竞价（End-of-day auction only），则该时段的所有的买卖行为均有效。

需要注意的是，特殊交易没有涨跌幅限制。

（6）市场消息出现时的委托处理

当市场中出现了异常事件（例如与上市企业有关的重大新闻），且该事件冲击到了个股正常的交易价格时。法兰克福证券交易所会暂停（suspension）或终止（interruption）相关交易。暂停交易时，交易所会删除系统中所有的委托单；终止交易时，交易所仅会删除非持久（non-persistent）委托单。

如果上市公司在某一天发生了发放红利或资本调整等一般事件，且相关事件冲击了公司股票在事件发生之后首个交易日的股价，那么交易所将删除公司股票在投资者委托簿中的委托。

（7）交易断路措施

当市场进入集合竞价、迷你集合竞价和逐笔交易阶段时，波动度中断（volatility interruption）机制也将启动。在此期间，撮合交易有可能被暂停，取而代之的是集合竞价价格确定流程。

波动度中断（volatility interruption）机制的启动条件如下：

如果可能成交价（potential price）处于动态价格区间（Dynamic price range）之外。则该区间的计算基准为当天最近一次逐笔竞价的成交价。

如果可能成交价处于静态价格区间（Static price range）之外。则该区间以当天最近一次集合竞价的成交价为基准，并按照一定的比例在该价格左右各设置一个极值。如果没有当天最近一次集合竞价的成交价，则以上一个交易日的收盘价作为基准。

可能成交价只要达到上述条件中的一项，相关交易就会被暂停交易。当可能成交价格重新回到正常的范围之内时，相关交易才会重新启动。

（8）交易暂停

在市场本身已无法正常运行、市场中出现了潜在不稳定因素，抑或是市场与民众的利益产生潜在冲突时，法兰克福证券交易所管理委员会（Management Board）有权暂停相关的特殊交易。

2.德国法兰福克信用交易准则

信用交易，又名保证金交易或垫头交易，即投资者常说的"买空卖空"。其原理为：当投资人对后市产生上扬预期而资金有限时，可以把买入的证券作为担保物，向经纪机构借入一定数额的资金来购买股票。而当投资人对后市产生下降预期而没有证券时，可以把一定数量的资金作为担保物，向经纪机构借入证券，继而卖出。

就信用交易的本质来说，包括欧洲在内的任何国家、任何市场板块的信用交易，都应具备下列基本特征，如表3-4所示。

表3-4　信用交易的基本特征

双重信用	经纪机构和投资人之间的信用为第一信用 经纪机构和银行之间的信用为第二信用
垫付款利息	投资人和经纪机构之间存在的借贷关系 ·就经纪机构代偿的股票买入资金，投资者需支付一定利息 ·就经纪机构代为保管的股票卖出收入，投资者也需支付一定利息
现货交易原则	·成交完成，立即交割 ·交割物为资金或股票
保证金	投资人必须缴纳一定数额的资金（即使是借入证券，也应按当时的市价折算为现款）作为保证金

而当我们把目光聚焦在信用交易的实施路径上时，则会发现欧洲各大交易所在信用交易准则方面的显著差异，下面就让我们来了解一下德国法兰克福证券交易所关于信用交易的具体准则。

（1）开展股票融资融券业务的相关法规

《证券交易法》（*Wert papier handels gesetz*，简称WpHG）和《银行法》（*Kreditwesengesetz*，简称KWG）。

（2）授信机构开展融资融券业务应具有的资格

德国证券集保公司（German central securities depository）和德国的主要商业银行负责处理股票融资融券业务。1993年，德国银行公会出台了关于办理融资融券的标准化契约核定。目前，该契约已经成为各类商业银行开展融资融券业务的依据。

（3）可以进行融资融券业务的股票类型

任何能够在DAX主板挂牌买卖的有价证券。

（4）委托保证金的比例

德国信用交易机构没有明确的规定，具体比例由授信银行自行裁定。

（5）市场管制举措

为了防止本国金融市场遭受国际金融危机的冲击、维持市场的透明度、稳定市场监管效果，并遏制股市出现的异常波动。德国联邦金融监管局实施了很多精准的市场管制举措。

2010年1月31日，德国联邦金融监管局推出了限制做空交易的规定：

禁止金融类股票无券放空（naked short selling）行为。无券放空，即对还未借入的证券进行做空。

为了保证市场的流动性，造市商可以不受无券放空禁令的限制。这里的造市商既包括已注册的造市者，也包括实际业务为"造市"或对冲交易，且在开展业务过程中必须做空证券的非注册造市者。

对于一些金融股，当投资者的做空仓位（net short positions）达到相关股票发行总数的0.2%时，不得继续增加做空仓位。

2010年3月4日，德国联邦金融监管局又出台了限制做空交易的新法令：

持有的空头仓位达到相关股票发行总数0.2%的投资者，应向监管部门告知相应的空头操作，且该告知行为应每间隔0.1%就进行一次。当投资者持有的空头仓位比重超过0.5%时，该投资者则必须以记名的方式向全社会公开自己的空仓情况。

（6）授信机构开展融资融券业务的标的物来源

银行和集中保管公司。

（7）授信机构维持债权的方式

根据追缴规定，投资者必须时刻符合关于保证金额度的标准。若投资者未达到既定的额度，授信机构有权根据双方此前达成的协议，第一时间采取必要的风险控制措施。

3.6　有价证券借贷

有价证券借贷（Global Securities Financing，缩写为GSF），即金融中介机构以投资者提供担保物为前提，借给投资者一定的现金或股票，以帮助后者完成特定交易。对于投资者来说，有价证券借贷不仅能够帮助自己规避交割失败的风险，而且还能帮助自己更加科学地实施交易策略、增加交易利润。而对于市场来说，有价证券借贷所带来的放大效应，还可以有效填补流动性缺口。可以说，证券借贷是包括欧洲各大交易所在内的任何证券市场都必须重视的一项业务。

目前欧洲各国证券市场中证券借贷业务最周全的，还属德国法兰克福证券交易所。在法兰克福证券交易所，证券借贷业务的提供方是卢森堡明讯银行（Clearstream Banking）。在开展证券借贷业务过程中，明讯银行扮演的是股票借贷双方代理人的角色。所有明讯银行保管制度的参与者均可以开展借券业务。当参与者要借入股票时，应先将自己需要的股票类型和数量告知明讯银行。而当参与者要借出股票时，应先将自己手中的股票交于明讯银行处理。之后，明讯银行将按照自己的考虑，分配手中的股票。

而明讯银行在证券借贷过程中，可以为投资者提供多种服务：检查担保物的资质（eligibility）与充分性（sufficiency）、每天洗价（mark-to-market）、监控担保比率的上下浮动、对借贷标的股票和出台借贷标的股票的证券公司实施监管、代收费用等。

明讯银行的总部处于卢森堡，它的前身是十大银行之一，在2000年和德国证券交易所集团正式合并。如今的明讯银行不仅仅具有帮客户进行清算、结算以及托管功能。还提供了三方担保管理、证券接单、货币兑换等服务。如今的明讯银行客户遍布世界各地，是全球最大的托管以及证券结算机构。

作为一个面向全球投资者提供证券借贷业务的大型机构，明讯银行必须满足投资者多种多样的证券借贷需要。为此，明讯银行推出了以下3种证券借贷业务。

（1）自动化股票借贷服务（Automated Securities Lendingand Borrowing Services，缩写为ASL）

自动化股票借贷服务作为明讯银行交割体系中的核心，是借券人所借股票的直接来源。通过交易系统的自动分配，交割业务的整体速度会大大提升。

借券人只需签订一份自动化股票借贷服务契约，就能够在不了解交易对手身份的情况下，从出借券库（pool）中借用股票。只要被借用的股票进入借券人交割对象的账户中，相关自动化股票借贷服务交易即告了结。

在自动化股票借贷服务保证机制下，出借人的交易对手风险（counterparty risk）将被有效避免。当然，拥有复合资产的出借人应通过专门的银行下载工具（the lender download facility），提前向明讯银行告知自己可以出借的仓位情况。

自动化股票借贷服务的作业流程如图3-3所示。

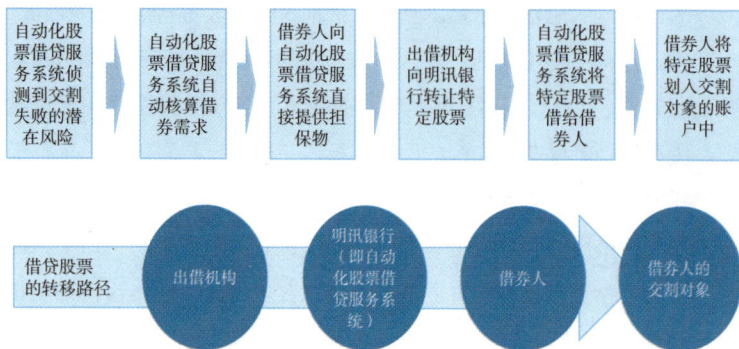

图3-3　自动化股票借贷服务的作业流程

上图中的流程可被分为五个步骤。

第一步，系统自动检查投资者账户是否存在交割缺券情况。

第二步，假如投资者账户存在交割缺券情况，系统会自行到待出借券库里选定交割股票。

第三步，借券人办理质押手续，并将担保物质押给明讯银行。

第四步，明讯银行将选定的交割股票，划转到借券人的账户中，借贷双方并不知道对方的情况。

第五步，在执行自动化股票借贷服务的有效期内，明讯银行每天都要对出借股票和担保物进行洗价。

在自动化股票借贷服务机制中，借券者为任何交易商，尤其是交易规模庞大、资产周转率高的自营经纪商；而出借者为中央银行、国际机构、跨国企业、托管银行以及资产管理行业从业者。自动化股票借贷服务可有效杜绝交割失败的短期借券业务，一般在开展晚间交割作业时发生，出借费的计算标准是固定的。借贷双方并不彼此了解（on an undisclosed basis），卢森堡明讯银行提供借贷担保，并承担相应的交易对手（counterparty risk）风险。

（2）增强型自动化股票借贷服务（ASL plus）

增强型自动化股票借贷服务（ASL plus），即一种由明讯银行担任当事人和唯一借券人，继而向出借者借入股票的交易形式。通过该交易，出借者有机会获得额外的出借收益。

在增强型自动化股票借贷服务中，出借费的计算标准不再是固定的，而是由明讯银行和出借机构共同商议决定。同时，出借人在开展增强型自动化股票借贷服务时，还可以享受免交保管费用的优惠。

ASL plus提供进入大规模固定收益市场（the wholesale fixed incomemarket）的管道，系属策略性需求驱动的有价证券借贷而非预防交割失败的有价证券借贷。

作为不同于自动化股票借贷服务（ASL）的一项策略性需求驱动的股票借贷业务，增强型自动化股票借贷服务（ASL plus）的主要作用是为出借机构提供在大规模固定收益市场（the wholesale fixed incomemarket）获利的机会，而不是简单的交割支持。

增强型自动化股票借贷服务的执行流程可被分为五个步骤。

第一步，卢森堡明讯银行CBL担任增强型自动化股票借贷服务的独家借券者（sole borrower）。当银行等金融机构向卢森堡明讯银行提出借入特定股票的申请时，卢森堡明讯银行将以当事人的身份向出借机构借入特定股票，然后再借给有需要的金融机构。

第二步，增强型自动化股票借贷服务系统会从出借券库中，自动选取需要借入的股票。

第三步，卢森堡明讯银行选取合格的担保物，并办理向出借人质押担保物。

第四步，出借机构把特定股票划转到卢森堡明讯银行的账户中。

第五步，在执行增强型自动化股票借贷服务的有效期内，卢森堡明讯银行每天都要对出借股票和担保物进行洗价。

作为增强型自动化股票借贷服务中的独家借券人，明讯银行在借入特定股票之后，会以当事人的身份将特定股票出借给专有交易平台（proprietary desks）、已撮合的回购交易平台（matched book repo desks）以及中介机构（intermediaries）。出借人则由中央银行、国际机构、跨国企业、托管银行以及资产管理行业从业者构成。明讯银行和出借机构在商议出借费率时，会逐笔议定。场外长期出借机会（Long-term street lending opportunities）往往会在股票交易的盘中出现。

（3）自动证券借贷系统（Automated Securities Lending Programme）

自动证券借贷系统是法兰克福明讯银行所独有的一项自动借贷服务。该项业务的标的为所有在德国股票市场交易的德国证券和外国证券。在开展自动证券借贷系统服务时，法兰克福明讯银行将以借贷双方代理人的身份，处理所有管理交割事务。

（4）其他证券借贷服务

除一般意义上的有价证券借贷服务外，法兰克福明讯银行还会为投资者提供三方有价证券借贷服务（Tripartite Securities Lending Service）和策略性股票借贷服务（Strategic Securities Lending Programme）。

作为一项可定制的证券借贷服务，策略性股票借贷服务不仅可以为投资者提供关于中长期交易的专业建议，而且还能让投资者全面掌握其股票的进出情况。

三方有价证券借贷服务是指在整个借贷过程中，明讯银行同时承担交割和监控的职责。

　　对于证券借贷的借贷双方来说，独立的保管与监控大大降低了担保物管理的工作量和风险。而作为一名中立的三方服务代理者，明讯银行不仅要确保交割，而且还要对以担保物为核心的选择、洗价（mark to market）、追缴（margin calls）等工作进行全程把控。

3.7　结算与交割

结算和交割作业是投资者在交易过程中"落袋为安"中的直接保证,而为了确保交割过程能够顺利进行,德国交易所也建立了专业的交割结算机构。在交割机构的主持下,德国交易所的结算会员在每个交易日中都进行或实时或分批次的交割活动。

1.德国结算交割机构

德国的交割机构在形式上非常独立,包括欧洲期货交易所清算行(Eurex Clearing)和明讯银行两大机构。

（1）欧洲期货交易所清算行

1998年,欧洲期货交易所清算行成立。该机构在法兰克福注册,是欧洲——法兰克福交易有限公司(Eurex Frankfurt AG)完全控股的子公司。而欧洲——法兰克福交易有限公司则是欧洲——苏黎世交易有限公司(Eurex Zurich AG)完全控股的子公司。法兰克福证券交易所和瑞士股票交易所各自持有欧洲——苏黎世交易有限公司一半的股权。

作为中央结算对手方,欧洲期货交易所清算行直接承担交割责任。其负责交割的产品包括:

债券结算执照。包括:在欧洲期货交易所债券公司(Eurex BondsGmbH)交易的债券(2000年10月起生效);德国联邦政府推出

的国债、德国个人投资者推出的房地产抵押担保债券、建筑贷款企业
（Kreditanstalt fur Wiederaufbau）及欧洲投资银行（European
Investment Bank）推出的银行债券；债券基差买卖中的现货标的。

权益股票结算执照。在Xetra交易平台上市、以欧元计算价格、
混合集中保管、完成成交环节的证券。

交易型开放式指数基金。

衍生商品结算执照。包括：在Eurex平台交易的期货、选择权商
品，以及基差交易中的期货标的物；类似于信用违约互换（credit
default swap，CDS）、利率交换契约（interest rate swap，IRS）的
衍生性店头金融产品。

有条件的交易结算执照（Eurex Repo Clearing License）。德国
联邦政府推出的国债、德国个人投资者推出的房地产抵押担保债券、
建筑贷款企业及德国各州州政府推出的地方债券。

除交割责任之外，欧洲期货交易所清算行还需以市场风险为基
准，核算各类结算会员应缴纳的保证金。利用保证金制度、对未交割
部分的洗盘、风险预估以及担保品制度，欧洲期货交易所可以最大限
度地规避因结算会员违约而引起的风险。

而一旦结算会员产生了违约情况，欧洲期货交易所清算行就会立
即实施针对投资者的资产隔离保护举措，其中就包括允许投资者直接
提取资产的可携性机制。

交割结算基金共同负责机制由各结算会员缴纳的现金、股票以及
银行提供的担保物构成。从交易到结算，再到最终交割的每一个环
节，欧洲期货交易所清算行都会通过不记名的形式完成，以保证交割
环节的私密性。

通过和明讯银行、欧洲清算系统以及瑞士保管结算公司的合作，
欧洲期货交易所清算行可以为投资者提供跨越不同国家、不同币种的
交割服务。另外，通过欧洲期货交易所清算行下设的国际风险管理系

统，投资者可以实现不同投资产品的巧妙组合，最终享受到因风险分散化、保证金比例下降而带来的收益。

（2）明讯银行

当交易后资金清算事务完成后，欧洲期货交易所清算行会直接向明讯银行发送指令，后者将完成剩余的结算事项。

作为德意志交易所集团下辖的企业，明讯银行拥有一家位于卢森堡的国际性中央存托机构（International Central Securitie Depository，简称ICSD）——卢森堡明讯银行，以及多家位于德国和卢森堡两国的全国性中央存托机构（Central Securitie Depository，简称CSD）。

2.德国市场的结算参与者

德国金融市场的结算参与者由一般结算会员（GCMs）和直接结算会员（DCMs）组成。非结算会员（NCMs）具有的交易会员称号，但实际上并不处理结算业务。非结算会员需要先和结算会员就委托办理事项签约，之后方可开展交易业务。

一般结算会员可处理有关自营、对外，以及非结算会员的结算业务。直接结算会员可处理有关自营、对外，以及本机构下属的非结算会员的结算业务。各结算会员的最低资本额如下。

（1）一般结算会员

对于一般结算会员，其最低资本标准分别是：衍生商品结算执照的最低资本标准为125万欧元；债券结算执照的最低资本标准为50万欧元；有条件交易结算执照的最低资本标准为175万欧元；权益证券结算执照的最低资本标准为25万欧元。

（2）直接结算会员

对于直接结算会员，其最低资本标准分别为：衍生商品结算执照的最低资本标准为12.5万欧元；债券结算执照的最低资本标准为5万欧元；有条件交易结算执照的最低资本标准为17.5万欧元；权益证券结算执照的最低资本标准为2.5万欧元。

除了上述最小数额，结算会员的资本额还必须达到"不小于最近30日或250日，平均每日总保证金10%"的条件。具体来说，"平均每日总保证金10%"以30日或250日中数额最大的为准，其数据来源则为开展金融衍生品、债券、有条件交易、权益证券等业务所需的保证金。每季度最后一个月的月底，计算会员应核算自身的资本额度，以供下个季度使用。

针对每一个结算会员，欧洲期货交易所Eurex结算公司会为其分别开设仓位（position）账户、选择权权利金（premium）账户、收费（fee）账户以及款/券（cash、securities）账户。此外，结算会员的担保物（collateral）账户由股票集保机构（CSD）开设，以便后者记录结算会员的业务往来。

仓位账户可以被细分为结算会员自营账户、经纪账户与做市商账户。结算会员自营账户和经纪账户采用总额制登录，做市商账户则采用净额制登录。

通过一般结算会员、直接结算会员和非结算会员的参与，以及法兰克福证券交易所、欧洲期货交易所、欧期所清算公司、明讯银行等专业交割机构的有效监管，德意志交易所集团构建起了一套集交易、核算、交割以及托管等业务在内的交易产业链。

3.德国结算交割全过程详解

法兰克福证券交易所目前采用的交割系统为"欧期所发布8.0

（Eurex Release 8.0）"系统。通过该系统提供的图形使用界面
（graphical user Interface，GUI），结算会员可以直接进行仓位管
理、交易管理、仓位转移、选择权的履行和指派、通知和分配、担保
物管理以及保管机构选择等操作。而欧期所发布8.0系统还会就上述
操作提供相应的报表。

　　此外，结算会员还可以借助价值应用程序界面（VALUES API），
将欧洲期货交易所提供的交易功能融入结算会员自己开发的系统环
境中。

　　法兰克福证券交易所的结算交割过程，如图3-4所示。

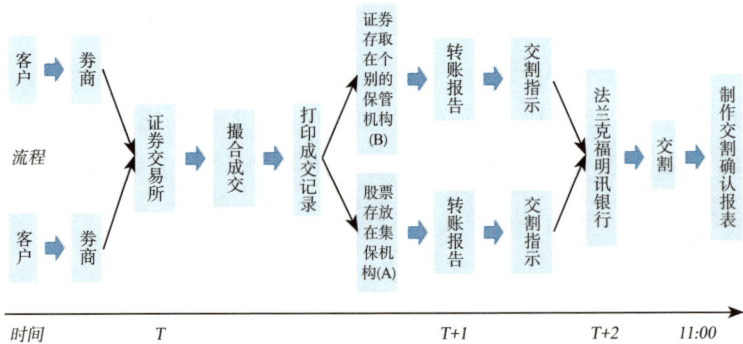

图3-4　法兰克福证券交易所的结算交割过程

　　法兰克福证券交易所内的证券结算业务主要通过明讯银行实现。
而在上述过程中，法兰克福明讯银行的会员会收到所有买卖的转让报
表，各会员应确认那些不应立即交割的股票。卖方银行逐笔向法兰克
福明讯银行告知交割指令，法兰克福明讯银行直接处理相关款项。

　　不管是在自动交易系统（Xetra）成交，还是在交易厅（FWB
floor）成交，凡是在法兰克福证券交易所进行的交易，其成交资料
都会被系统自动传送到结算公司中。

集中市场递交的成交资料，会于成交次日进行对账，对账无误后，相关款券会在成交之后的第二日（T+2日）完成交割。

而店头市场递交的成交资料，则会在交易双方配对确认之后，在成交日当天到成交日之后的第40个交易日期间（即T+0到T+40）完成交割。其中，交易双方若选择在成交日当天办理交割，可选择即时交割（real-time）系统。此外，在办理店头市场交割事务时，交易双方既可以选择股票资金同时交割，也可以选择单方面的股票交割。

明讯银行在每个交易日会为市场参与者提供3个批次的即时交割服务。在每个批次的交割作业中，资金标的会通过交易双方在德国中央银行的账户进行交割。

明讯银行在开展款券交割时，会采用券款对付（DVP）的基本思路，即价值相等资金和证券在同一时间交割。当然，要顺利实现券款对付，交易双方还必须满足相应的条件：

卖方在明讯银行的账户里存有充足的证券，买方在德国中央银行（Deutsche Bundesbank）的账户中存有充足的资金。

投资者若选择标准交割（STD）和交割日第一次批次交割（SDS1），则相关交易资金会于交割日10:30—11:30完成交割；投资者若选择交割日第二次批次交割（SDS2），则相关交易资金会于交割日13:30—14:00完成交割；投资者若选择即时交割（RTS），则相关交易资金会于每个交易日的7:00—16:00中的任意时点，和相关交易股票同步交割；而投资者若选择只对股票进行即时交割，则相关交易股票会于每个交易日的6:00—18:00中的任意时点，完成交割。

法兰克福证券交易所选择券款对付（DVP）交割机制的目的在于防止出现本金损失风险（principal risk）。若投资者在保管机构账户中的待交割股票不足时，可通过由明讯银行提供的自动借券系统借券实现交割。若投资者在保管机构的待交割资金不足时，则可通过德国央行的透支系统借款实现交割。

4.法兰克福证券交易所的特别事项

法兰克福证券交易所在交易层面的特别规定，分别为"补购作业"和"调节交割结算基金规模"两项。

（1）补购作业

假如结算会员既不能在交割日（T＋2）当天实现股票交割，也不能在预定交割日（Intended settlement date，ISD）之后的第4个交易日（S＋4，即T＋6）之内实现交割，那么欧洲期货交易所清算行就将于预定交割日之后的第5个交易日（S＋5）开展补购。

假如补购行为未能全部完成，那么结算会员还可以得到5天的宽限期。如果到预定交割日之后的第9个交易日（S＋9）之内仍未实现全部交割，那么欧洲期货交易所清算行将于预定交割日之后的第10个交易日（S＋10）开展补购。

假如结算会员在预定交割日之后的第26个交易日（S＋26）之内仍未实现全部交割，欧洲期货交易所清算行会在次日开展补购。此时，结算会员还可以获得两天的宽限期。

欧洲期货交易所清算行在预定交割日之后的第30个交易日（S＋30）和第36个交易日（S＋36）之间，会开展现金了结（cash settlement）。在此期间，结算会员应把还没有完成交割的证券，折算成资金交付给欧洲期货交易所清算行。

假如在交割日之后的30个交易日内，结算会员还没有收到应收股票，则相关结算会员可以向欧洲期货交易所清算行提出申诉，就还没有收到的股票要求交易对方给予现金赔偿。

假如现金赔偿还不足以解决全部问题，欧洲期货交易所清算行将在交割日之后的第38个交易日（S＋38）开展补购。如果此时相关补购业务还不能全部完成，欧洲期货交易所清算行就会在交割日之后的第40个交易日（S＋40）和第46个交易日（S＋46）开展现金了结。

如果在交割日之后的第46个交易日，股票交割问题还不能彻底解决，欧洲期货交易所清算行就会在此之后，每10个交易日开展补购。但在前7个交易日中，欧洲期货交易所清算行会尽可能地通过现金了结方式解决交割问题。

欧洲期货交易所清算行开展的补购作业以竞价的模式进行。该机构会于补购日当天，15:45公布补购信息，16:00—16:30开展竞价，16:45公布竞价结果。

对于每场补购竞价，欧洲清算所会设置一个最高价（ceiling price），最高价为标购股票最近一次成交价格的2倍。

在参与补购作业之前，交易会员应向欧洲清算所申请登录并签署有关协定。在竞价过程中，交易会员的卖出数量最低要达到补购数量的5%，最多不超过100%。

中标会员在收到欧洲清算所的款项后，最晚应在补购日次日的10:00前，向欧洲清算所交付相关股票。

如果中标会员声明其并不具备交付相关股票的能力，欧洲清算所有权决定由补购作业业绩仅次于中标会员的其他交易会员中标。新中标的交易会员应在补购日次日的13:00前，向欧洲清算所交付相关股票。

如果中标会员在交付股票的过程中存在违规行为，欧洲清算所将对其进行罚款。罚款金额为相关股票在中标时总市价的0.04%。另外，罚款金额最少不得低于1000欧元。

2012年，根据欧盟出台的第236号法令，欧洲期货交易所清算行针对欧盟境内两家交易所的补购作业流程，进行了时间上的调整。

对于在法兰克福证券交易所（Frankfurt Stock Exchange）、爱尔兰交易所（Irish Stock Exchange）、德国自动交易系统Xetra（Xetra International Market）上开展的补购作业。欧洲期货交易所清算行会

在预定交割日之后的第4个交易日（S＋4）开展补购。若该补购无法
实现彻底交割，那么欧洲期货交易所清算行将在预定交割日之后的第
8个交易日（S＋8），直接开展现金了结交割。

对于在欧盟境内其他交易所进行的补购作业，欧洲期货交易所清
算行仍然沿用原来的规则。

（2）调整交割结算基金体量

结算会员和委托结算交易机构的交易情况，将直接决定结算会员
在结算基金应承担的具体金额。

以普通结算会员500万欧元，自行结算会员100万欧元为第一参考
值；以结算会员应缴纳保证金一个月平均数的2%为第二参考值；以结
算会员应缴纳保证金250天平均数的2%作为第三参考值。将上述三个
参考值进行比较，数额最大的参考值即为结算会员在交割结算基金中
应缴纳的份额。结算会员应缴纳保证金的计算范围为金融衍生品交
易、债券交易、附买回交易和股票交易。

结算会员在获得结算牌照时，应立即兑现自己在交割结算基金中
的份额，并在每个季度的末期计算自己在下个季度要缴纳的交割结算
基金数额。而当结算会员决定取消自己的结算资格，并将相关信息告
知欧洲期货交易所清算公司之后，欧洲期货交易所清算公司应在一个
月内，在相关结算会员所缴纳的结算基金中，扣除必要的费用，并将
余额返还给相关结算会员。

结算会员应通过银行担保、股票担保或现金缴纳其在结算基金中
的份额。如果某一家证券结算会员同时负责多种金融产品的结算，那
么该证券结算会员在缴纳结算基金时，可以获得一定的优惠。

欧洲期货交易所清算公司保留针对特定结算会员，直接确定其应
缴结算基金额度的权力。此外，为了应对潜在的结算会员违约行为，

欧洲期货交易所清算公司会定期提高结算基金的余额标准。

外国结算机构作为特别结算会员，除非其和欧洲期货交易所清算公司有特殊约定，否则不需要承担结算基金份额。

当结算会员的交易行为出现违约或结算会员的牌照被取消，且上述情况影响到了市场的正常运行时，结算基金就会产生作用。

欧洲期货交易所清算公司首先会处理违约会员的抵押物，其处理顺序依次为：结算基金份额、欧洲期货交易所的公积金份额。此外，如有必要，欧洲期货交易所清算公司还会按照不同会员缴纳的比例，动用其他结算会员的结算基金份额。

当其他结算会员的结算基金份额被动用，且违约会员要赔偿被动用的结算基金时，违约会员应按照既有的分摊比例填补其他结算会员的结算基金份额。而当结算会员的结算基金份额未被其他会员单位占用，却因自己的过错而导致结算基金份额不足时，相关结算会员则应于10个交易日内自行补足规定的份额。

3.8　集中保管：全方位各时段保障资本安全

　　诚然，股票的价格随时随地都在变化，但这并不意味着任何一个时点、任何一个价位都适合交易。在很多情况下，将交易完的个股保管起来等待新的交易机会，而不做盲目的操作才是投资者的理性选择。尤其是对于本身持有大量股票的上市公司来说，股票在保管过程中的表现更会直接影响到全体股东的利益。

　　围绕"集中保管"这一主题，法兰克福明讯银行制定了有关一般保管作业、股务作业、账簿划拨作业的全套流程。通过这些科学严谨的保管作业，德国交易所为包括上市公司在内的各类投资者，成功地建立了一个"财富安全港"。

　　1949年，德国集中保管公司（DKV）成立。1997，该公司兼并了德国境外证券保管公司（AKV），并更名为德意志交易结算公司（Deutsche Borse Clearing AG，缩写为DBC）。2000年1月，德意志交易结算公司又与世达国际公司（Cedel International）合并为明讯国际公司（Clearstream International），随后又更名为法兰克福明讯银行（Clearstream Banking Frankfurt，缩写为CBF）。该公司专门负责德国境内及境外上市股票的结算交割和保管业务。

　　2002年7月，德意志交易所公司获得了原属于世达国际公司所有的明讯国际公司股权。至此，德意志交易所集团成为法兰克福明讯银行的唯一股东。

除证券业务外，明讯银行还获得了德国的银行牌照。因此，明讯银行可以在股票款券交割、基金业务、股务作业等证券业务中，向投资者提供一定的信用额度。

第二代泛欧证券实时全额自动清算系统（TARGET2-Securities）是欧洲央行（ECB）主导的一种国际化多币种结算机制。其目的在于通过组建统一的结算平台，使款户和券户能够同时连接，并利用央行资金（Central Bank Money），对各类证券进行实时款券同步交割（DVP）。

而为了配合欧盟推行的第二代泛欧证券实时全额自动清算系统，明讯银行于2017年2月3日—5日与该系统进行了连线。连线当日，明讯银行的加入为第二代泛欧证券实时全额自动清算系统带来了40%的交易增量。目前，明讯银行是该系统实力最强的参与者。对于投资者来说，通过明讯银行和第二代泛欧证券实时全额自动清算系统的结合，自己不仅可以获得收益，更能对分散在欧洲各地的资产进行集约管理，提升担保业务效率。

与欧盟境内的其他集保机构一样，明讯银行也要接受欧盟法律的约束。根据新颁布的欧盟集保交割条例（CSD Regulation）的要求，明讯银行于2017年9月向德国金融市场监管局等部门，重新递交了关于开展证券结算和保管业务的牌照申请书。8个月后，明讯银行获得了新的结算及保管业务许可。

法兰克福明讯银行的组织形式为公司制。该机构并未公布过独立的资本额数据。截至2017年初，德意志交易所集团的资本额约是1.93亿欧元。法兰克福明讯银行的唯一股东为德意志交易所集团（DBG）。法兰克福明讯银行的法律依据是德国在1937年通过的安全保管法案（Safe Custody Act）。

截至2017年初，明讯银行的保管业务服务已覆盖了56个交易平台，并获得了2500余位客户。这些客户分别来自世界110多个国家，其身份涵盖了银行、券商以及保险公司等多种机构。

1.德国金融市场的保管作业

德国金融市场的保管作业包括以下4个方面。

（1）保管标的和发行形式

任何能够在德国或外国股票集中市场及柜台市场交易的有价证券，都可以送存法兰克福明讯银行保管。而法兰克福明讯银行的保管标的包括政府债、企业债、外国债券、可转换债券、国内外股票、存托凭证、受益凭证、认购权证以及货币性金融衍生品等。

截至2018年初，法兰克福明讯银行所保管的金融资产总市值已达13.465万亿欧元。

除政府债券外，德国金融市场的其他金融产品都采用实体发行机制。绝大多数股票均会通过账簿划拨的方式进行清算。

（2）保管方式

根据德国《安全保管法案》的规定，银行及其他专业保管机构可以采用混藏保管或分户保管的方式处理送存的股票。

（3）送存和领回作业

送存。依据法兰克福证券交易所的业务规则。当证券被送存到保管机构时，保管机构应先通过特定的申请格式，对证券进行分类。对于一只证券和该证券的息票，保管机构应按照该证券的面额进行分开整理。

在各类保管机构中，只有银行有权按照投资者的指示，将证券转存到法兰克福明讯银行。而法兰克福明讯银行在接收送存股票时，一般应于送存当天入账。若遇特殊情形，法兰克福明讯银行可先在确定送存股票的真伪之后，再决定是否入账。

领回。投资者申请领回证券时，应先通过网络向法兰克福明讯银行提出领回申请。法兰克福明讯银行在办理完领回手续后，投资者既可以亲自前往法兰克福明讯银行领取股票，也可以以邮寄的方式接收股票。若投资者选择后一种方式，则相关费用和风险均由投资者自行承担。

（4）金库

为了与实体证券发行模式相适应，德国设置了专业的保管金库。

2.德国金融市场的账簿划拨作业

德国金融市场的账簿划拨作业包括以下3个方面。

（1）制度架构

与法国金融市场一样，德国法兰克福明讯银行在开展账簿划拨作业时，也会采用两段式制度架构。对于投资者股票账簿的余额，法兰克福明讯银行并不会提供专门的账务处理服务，所以当投资者想要送存或领回其股票时，应通过中介机构处理。

对于混藏保管的股票，法兰克福明讯银行只会记载参与者的账户余额。当参与者想要利用在法兰克福明讯银行保存的股票，履行交割职责或其他工作时，法兰克福明讯银行就会根据参与者的申请，开展账簿余额交割或拨转。

对于分户保管的股票，法兰克福明讯银行也会记载参与者的账户余额，但这类账户余额不得开展结算交割或账簿划拨。

（2）集中市场交割

在法兰克福明讯银行办理的款券交割应以款券两讫（DVP）规则为基础。

集中市场中的交割程序为：

第一步，欧洲期货交易所清算公司先以结算连接系统（Settlement Connect）开展撮合及净额交割。

第二步，欧洲期货交易所清算公司应在指定交割日前一日（SD-1）的晚上，将最终的交割指示通知到结算会员。

第三步，法兰克福明讯银行的瀑布系统（CASCADE）会在指定交割日的7:00—19:00，开展撮合、发送通知及多边净额交割。

第四步，交割进行期间及交割结束后，法兰克福明讯银行会将付款指示通知给德意志联邦银行（Deutche Bundes bank）。后者会在指定交割日前一天（SD-1）21:00、指定交割日（SD）12:00、14:00开展现金清算。

法兰克福明讯银行每天提供3个批次的交割服务：

夜间交割和标准交割（STD）。款项会在指定交割日前一日19:00—21:00开展交割；

第一次日间交割（即交割日首次交割，SDS1）。款项会在交割日10:00—10:40开展交割；

第二次日间交割（即交割日当天的第二次交割，SDS2）。款项会在交割日当天13:15—13:45开展交割。

（3）柜台市场交割

买卖双方在完成交易后，应将交易信息传输到法兰克福明讯银行的系统中。法兰克福明讯银行会对交易信息开展比对与核实。交易信息确认无误之后，法兰克福明讯银行会进行交割。柜台市场中的结算交割有以下3种形式。

标准交割。在指定交割日的前一天，法兰克福明讯银行的交割系统会自动开展预转账作业，即把被交易股票从卖方账户划转到买方账户中，但被交易股票会被暂时冻结。

在交割日当天的11:30，法兰克福明讯银行会将划转交易资金的信息，通知给德国中央银行法兰克福分行（LZB）。后者会在13:00前完成资金划转，并通知法兰克福明讯银行。随后，法兰克福明讯银行会对买方账户中被冻结的股票解冻。

当日交割。交割日当天7:30—10:30，法兰克福明讯银行会接收交易双方的交易资料，并开展交易配对和预转账作业。对于交易资金和交易股票的划转工作，当日交割的时间、方式均和标准交割中的时间、方式相同。

即时交割。即时交割是一种顺应交易者快速交割需求的交割方式。法兰克福明讯银行在完成交易配对和预转账作业后，会通过电子化资金划转通知系统ELS，将资金划转信息通知给德国中央银行法兰克福分行。当资金划转环节完成之后，法兰克福明讯银行会立即将买方账户中被冻结的股票解冻。

3.股务作业：为上市企业代理股务事宜

上市公司的股务作业以股利发放、除权除息、股东投票3项工作为核心，其牵扯面涵盖了交易所、清算公司、上市企业、中介机构以及普通投资者等多个市场角色。面对这类繁杂的工作，上市公司单靠自身的力量往往很难快速完成，所以欧洲很多国家的证券市场都设有股务代理机构，专门为上市企业处理股务事宜，德国也不例外。

对于上市公司等市场参与者，送存到法兰克福明讯银行集中保管的股票来说，其在形式上依旧需要登记原始所有人的名称，而不能被划到法兰克福明讯银行名下。此外，法兰克福明讯银行既不能代替市场参与者行使其在股东大会中的表决权，也不能代替市场参与者接受股利。综上所述，法兰克福明讯银行并不具备法人身份。

（1）中介机构服务项目

截至2018年初，德国境内还没有类似英法两国金融市场的股务代理机构，所以各家上市企业应亲自开展股务作业。

当券商等市场中介机构的客户买入了一家上市公司的股票时，相关中介机构应将这些客户的资料通知到相关上市公司。此举的目的在于帮助上市公司配发股利。而中介机构在向上市公司告知客户资料时，可采用法兰克福明讯银行开发的货品系统（CARGO）。

（2）上市公司股东权利行使途径

股东自主选择投票方式。在股东大会上，股东可以根据自己的意愿，从下列方式中任意选择一种开展投票：股东本人亲自参加投票；股东授权给指定人员，令其代替自己参与投票；股东直接授权给股票保管银行，令其代替自己参与投票。

记名式股票的现金股利行使途径。对于集中保管的记名式股票的现金股利，相关上市企业应将其交给配发代理机构。随后，配发代理机构会直接将现金股利配发给各位股东，或者将现金股利转交给券商等中介机构，再由中介机构转交给股东。

非记名式股票的现金股利行使途径。对于集中保管的非记名式股票的现金股利，法兰克福明讯银行会先向相关上市公司提供息票、市场参与者名单。相关上市公司应根据这些息票及名单，将现金股利交给配发代理机构。随后，配发代理机构会直接将现金股利配发给各位股东，或者将现金股利转交给券商等中介机构，再由中介机构转交给股东。

按照德国法律的相关规定，上市企业只可以发放现金式股利，不可以发放股票式股利。

3.9 企业在德国上市的后续事宜

成功上市，并不意味着中国企业在德国资本市场的淘金之旅就此高枕无忧。如果上市公司在上市之后，长时间达不到市场要求或发生了严重的违规行为，就有可能被扫地出门。所以按章纳税、按规定披露经营信息，都是中国企业在登陆欧洲资本市场之后必须持续开展的动态事项。当然，上市企业若要实现对自身有效的动态管理，还需要交易所对券商的有效管理作为配合。

1.及时全面的信息披露

德国对其境内上市企业的信息披露行为主要采用分类监管模式。

上市公司将待披露信息向市场公开前，应将相关信息通知到联邦金融监管局和德国境内各交易所的交易执行委员会（Exchange Operating Board）。按照《证券交易法案》（*German Securities Trading Act*）的规定，联邦金融监管局负责审核上市公司的披露内容是否合规，而各交易执行委员会则负责根据披露内容就是否应暂停交易做出决断。此外，上市公司的披露内容应同时具有英文和德文两个版本。

德国上市企业需要向社会公开的信息包括但不限于以下几种：

（1）年报

初级市场要求的发布时间为报告日期结束之后的6个月内，高级市场、一般市场要求的发布时间为报告日期结束之后的4个月内。

（2）半年报

初级市场要求的发布时间为报告日期结束之后的3个月内，高级市场、一般市场要求的发布时间为报告日期结束之后的2个月内。

（3）季报

高级市场要求的发布时间为报告日期结束之后的2个月内，初级市场、一般市场则没有硬性要求。

（4）公司日程

高级市场、初级市场中的上市企业应将公司日程以电子档案的形式发送给交易所的管理委员会，并实时更新。一般市场则没有硬性要求。

（5）公司简介

初级市场中的上市企业应将公司简介提供给交易所的管理委员会，并实时更新。高级市场、一般市场则没有硬性要求。

（6）重大新闻

无论在哪个市场的哪个板块，只要相关上市企业内部出现了可能影响公司股票价格的信息，就必须在最短的时间内向市场公开。

2.依法纳税，树立在异乡的正面形象

无论企业具有何种背景、无论企业采用何种组织形式，只要其管理部门或注册地在德国境内，即对德国政府负有无限纳税义务。

（1）企业所得税

德国企业缴纳企业所得税的计算标的为其经营利润（即净收益）。在计算应缴税额前，德国税务部门会将企业在从其他公司取得的红利、企业转让其他公司股份所获得的利润，从计算基数中扣除。

现在，所有德国企业都按照15%的基本税率缴纳企业所得税。而以这15%的税率为基准，德国企业还需缴纳5.5%的旨在支持原东德地区发展的团结税。所以，德国所得税的总税负为15.825%。

（2）增值税

对于外国企业在德分支机构，不管其身份是自然人还是法人，只要其经营行为符合以下几种情形之一，就应依法向德国政府缴纳增值税：公司在德国境内开展产品销售；在欧盟区域内购买产品；从欧盟成员国以外的国家进口货物。

增值税的计税基准是产品价款，即有形产品或无形服务的市场价格。增值税的基准税率是19%。而对于农产品等特定商品，可采用7%的低档税率。

（3）营业税

营业税又称工商税，是由德国市镇一级的地方政府针对企业征收的税种。该税的征收基准与企业所得税相同，也是企业的净利润。营业税的计算方式较为复杂，德国各地所采用的标准也不尽相同，最低税率为净利润的7%。一般而言，大城市的税率比小城镇要高、德国西部地区的税率比东部地区要高。

3.德国对券商的管理

商业银行在德国证券市场中起着举足轻重的作用。首先，德国的银行业由于实行"混业经营"，故其与客户在证券、存款、贷款、信

托、财务代理方面，有着全面而深入的联系。其次，只有银行机构才
有机会获得德国证券市场的会员资格。因此，德国对券商的管理在某
种程度上也是其对商业银行的管理。

（1）资本规范

首先，德国联邦金融监管局要求商业银行用于放款和用于投资的
资金比例不得高于18:1。此外，按照《巴赛尔协定》和欧盟《资本充
足性指令》中划定的资本充足性标准，德国境内单纯从事证券业务的
券商应具有最低12.5万欧元的流动资金，而商业银行等综合性券商则
应具有最低73万欧元的流动资金。

（2）法律规范

《德国证券交易法》（Securities Trading Act）是德国政府对
券商开展常态化法律管理的主要依据。

依《德国证券交易法》第33条第1款规定，券商应在员工管理方
面投入充足的监督资源，以防止员工卷入与客户的利益纠葛中。该条
款同时列出了券商员工与客户产生利益纠葛的表现，如表3-5所示。

表3-5　券商员工与客户产生利益纠葛的表现

前提	做法
客户开展针对股票、货币市场工具及金融衍生品的行交易	故意向客户提出与其利益相背离的意见
为了自己的利益，或与自己存在利害关系的机构的利益	内部交易或操纵价格
获得了客户交易股票时的委托资料	向外界泄露客户委托资料或交易细节

依《德国证券交易法》第31条第4款规定，券商在向投资者提供
证券服务时，应当将服务细则、服务所能获得的收益，以及与服务有
关的知识经验全部向客户公开。在未了解客户投资实力和经验的情况

下，券商不得向客户推介任何金融产品。

依《德国证券交易法》第34条第1款规定，券商应当保留客户委托指令、委托成交回执、经办员工的个人资料、向客户收取的服务费用等一切与客户有关的交易信息，以供联邦金融监管局、联邦财政部等机构核查。

4.法兰克福证券交易所的退市安排

常言道：天无百日晴，花无百日红。中国企业成功登陆欧洲各大交易所固然可喜，但这并不意味着这些中国企业就进入了"保险箱"。当上市企业在财务、法律方面出现了重大危机，或是因资本运作而失去独立发行股票的资格时，欧洲各大交易所及证券市场主管机构，就会按照既定的退市制度对相关企业启动退市程序。

当在法兰克福证券交易所上市的企业丧失了由德交所集团认证的第一上市地位，或因并购、调整组织形态等经营事项背离了上市标准，抑或是其股票清算制度存在重大缺陷时，这类企业的股票就会面临退市风险。

基于保护投资者利益的考量，法兰克福证券交易所会给予市场一定的退市缓冲期，以便投资者及时将手中的上市公司股票脱手卖出。缓冲期一过，上市公司的股票就会正式退出流通。

针对不同的市场板块，法兰克福证券交易所设定了不同的退市安排。

（1）一般市场

当一般市场上市公司达到退市标准、并向法兰克福证券交易所递交退市申请时，法兰克福证券交易所管理委员会会按照德国《行政诉讼法》中的规定，终止其上市状态，并通过互联网向市场通报相关事态。

　　若上市公司的股票除了在法兰克福证券交易所流通时，还在德国境内的其他交易所或德国境外的交易所流通时，则其退市缓冲期一般为3个月，最短为2个月。

　　若上市公司的股票仅在法兰克福证券交易所流通，而不在其他任何交易所流通，则其退市缓冲期一般为6个月，最短为3个月。

（2）高级市场

　　当高级市场上市公司向法兰克福证券交易所递交退市申请并向市场发布退市公告时，法兰克福证券交易所会给予市场3个月的退市缓冲期。缓冲期一过，上市公司的股票就会正式退出高级市场，并进入一般市场中继续交易。相应地，上市公司的身份也会由高级市场上市公司变为一般市场上市公司。在此期间，若出现特殊情况，法兰克福证券交易所管理委员会就会将相关情形汇报给联邦金融监管局，并由后者做出裁定。

（3）初级市场

　　当初级市场上市企业未能充分履行其在上市申请中所承诺的义务时，法兰克福证券交易所首先会勒令其修正自己的行为，并对其实施罚款。当上市企业的违约情况在处罚生效6周内仍未见改善，或有迹象显示上市企业的证券交易活动无法持续时，法兰克福证券交易所就会终止上市企业的上市资格。

第4章

赴英上市：
游离于欧洲之外的
老牌资本主义强国

英国伦敦作为世界老牌的国际金融中心，在英语语言环境、成熟的商业制度、自由化的交易体系等层面仍然具有一些独特的优势。因此，很多中国企业在布局欧洲时，可以优先考虑将欧洲分支机构的决策中心、信息中心、研发中心设在这里。无论是在产业方面，软件、商业服务方面，还是金融、高端制造方面，都是英国的传统强项，中国企业可以在这4类产业中寻找机会。

4.1　了解英国市场，组建上市团队

奉行"自由主义"的英国在投资环境方面非常宽松。首先，在英国新注册的企业只要不与已存在的企业重名即可完成登记。其次，在英国注册公司无须验资。最后，英国政府审核注册企业的环节很少，且允许委托办理注册，这就大大加快了外国企业的注册效率。

在这里需要特别指明的是，英国于2016年6月投票决定退出欧盟，并于2017年3月正式启动了"脱欧"程序。英国放弃欧盟框架下的政治、经济制度，一方面使该国的法律环境被改变，另一方面也断绝了英国和欧洲大陆的某些经济联系。这种政策变化，可能会打击英国的经济，如经济增长乏力、外部资金渠道减少、创新能力下降等。对于英国"脱欧"的市场风险，中国企业务必须考虑。

对于金融市场，英国一向秉持自由化政策。针对交易平台、结算所会员的开明管理，使英国绝大多数的企业拥有了极大的自由度去开展各类业务。不过在现实中，一些特定的金融业务仍然需要专门的机构负责运营。

国会和财政部是英国金融市场的最高管理机关。其中，英国财政部下辖国际证券自律组织和金融服务管理局两个职能部门，前者负责对涉外金融业务的监管和协调，后者则专门负责国内金融业务的开展。而金融服务管理局又通过公认结算机构、公认专业机构、选定投资交易所、公认投资交易所、特许服务公司、直接授权机构等下辖单位或合作单位，对英国金融市场的各类业务实施间接管理。

在业务开展方面，英国的银行及其他的金融机构往往起着核心作用。投资银行、商业银行、券商、保险公司、资产管理公司这5类机构是股票市场的直接参与者。投资者的投资参考、资金管理等工作，往往要通过上述单位来完成。而伦敦结算所及其他结算机构则负责交易结算及资金保管等业务。

1.英国证券法律体系

为构建更有效率的金融管理系统，英国从1997年起把金融系统早期的9个管理部门整合成为统一的管理机关。英国首先于当年10月把原证券投资局（SIB）更名为金融服务局（FSA）。改革后的金融服务局会继续履行《金融服务法》所授予的管理、监督、结算等权限，并担负监管银行、资金市场、外汇市场，以及经营其他组织的功能。1998年6月1日，英国政府又把原属于英国中央银行的职权移交给了金融服务局，并制定了《金融服务及市场法》，协助金融服务局履行综合监督的权力。

（1）《金融服务及市场法》

《金融服务及市场法》最大的特点是为金融服务业构建了统一的架构。该法赋予金融服务局宽泛的法律制定权，并建立了金融服务和市场特别法庭，后者专门负责解决发生在金融服务局和被监理单位之间的纠纷。另外，《金融服务及市场法》也设置了统一的争议处理申诉程序和金融补偿制度，从而维护了投资人的利益。该法所监理的对象有：银行、融资合作社、保险企业、金融互助会、信贷会、投资及退休金咨询顾问、股票经纪商、专业投资企业、基金经理人、金融衍生品交易商。

（2）《自律手册》

英国对金融市场的监督一直以"市场自律"为宗旨，监理部门可根据市场及管理的需要制定各种"指引"（Guidelines），以作为市场的细部规范（Rules）。而这些相关的指引就被称为"手册"（The Handbook）。

（3）《公司法》

对《公司法》的改革亦是英国股票法律改革的核心。当前世界对于《公司法》的改革势头，主要趋向于放松限制，鼓励投资，减少企业的竞争成本，英国也顺应了这种趋势。1998年，英国成立了《公司法》改革组织，对《公司法》的核心体制开展基础性的审查。随后，英国颁布了多份《公司法》改革报告及白皮书。

2005年11月3日，英国政府推出了《公司法》的改革方案。此次《公司法》改革计划的重点可总结为4个目标：

①强化股东参与，优化长期的投资体制和环境；

②特别注重维护小型企业利益；

③让创立和管理企业变得更容易；

④增强企业适应未来社会变化的灵活性，推动企业合并。

另外，新《公司法》还围绕增强股东信息披露、保障间接投资人的权益、履行董事职责、开展法定审计等进行了专门说明。

2.赴英国上市的必要参与者

欧洲其他国家的金融市场对于企业上市的团队要求都大体相同，在这里就不一一赘述了。不过在这里需要特别说明的是，中国企业赴英国另类投资市场（AIM）上市时，与赴德需要组建的团队有一些不同。赴英国上市时，不仅要考虑上述6个上市伙伴，而且还要提前物色好"指定保荐人"和"指定经纪商"这两个角色。

　　指定保荐人是指由伦敦证券交易所核准的证券发行担保者，这类人一般从股票经纪商、会计师事务所或其他金融机构中产生。指定保荐人的职责是对准上市公司是否适合英国另类投资市场做出判定、引导或帮助准上市公司遵守英国另类投资市场的规范。准上市公司在成功上市后，仍需要保持与指定保荐人的合作关系。指定保荐人会就"信息披露事项"，继续为上市公司提供指导。

　　指定经纪商必须是伦敦证券交易所的会员券商。指定经纪商的作用体现在两个方面。

　　首先，当上市公司的股票缺乏"造市商"参与时，指定经纪商会积极在各类投资者之间奔走，促进相关股票的撮合交易。

　　其次，指定经纪商会将上市公司股票的资本总额、周转率、税后利润、股利、财务报表等信息输入到名为"SEATSPLUS"的智能终端中，以帮助上市公司完成信息披露义务。

　　以上就是国内企业赴英上市的团队组成角色介绍。分工的细化必然需要更多的协调和默契，因此我们建议国内企业在物色好上述合作者之后，应当第一时间将各个参与者集合起来，就上市问题进行充分地沟通，从而达成行动上的共识。

4.2　赴英上市进行时

当上市活动进入实操阶段时，准上市企业应当根据英国交易所的商业细则以及自己所能达到的板块标准，向交易所提出上市申请，并接受交易所的审查。在此期间，准上市企业还应当对上市费、上柜费等成本进行评估，并按照资本市场的合规要求优化自身在英国的治理体系。当上述步骤全部有效落实时，准上市企业成功上市自然水到渠成。

1.英国股票市场的商业细则

伦敦证券交易所对于在本平台上市的企业有下列要求：

如果选择优质上市（Premium Listing）路径，那么相关企业应符合监管与管理的世界级标准；如果选择标准上市（standard listing）路径，那么相关企业则应符合英国法规规定的标准。公司实际的上市周期取决于准上市企业的规模、企业的管理架构、挂牌的方式以及审查的复杂程度等因素。而在伦敦股票交易所主板上市，通常需要12—24周。关于申请上市的进程，准上市企业可参考以下方案。

（1）批准前12—24周

任用承销商等顾问机构；划分并确定各类顾问的职责；制定上市日程表和上市材料清单。

（2）批准前6—12周

起草公开说明书初稿；起草相关材料初稿；就承销价格进行初步讨论；就初稿内容举行首次会商；将初稿送交英国上市管理局；和交易所进行初步协商；举行分析师说明会。

（3）批准前1—6周

就初稿内容进行二次研商；逐字逐句审阅公开说明书；举办公关会议和法人巡回通气会；正式向英国上市管理局呈递申请材料。

（4）批准前1周

准备好所有上市材料并上报英国上市管理局批准；就股票定价和承销工作进行集体讨论；在英国上市管理局，注册公开说明书；签订认购协议。

（5）批准当周

支付上市费用。

准上市企业应事先聘请辅导券商等顾问机构，并和伦敦证券交易所及英国上市管理局商议周密的上市审查日程表。在向英国上市管理局提供上市申请书初稿时，应同步和伦敦证券交易所进行初步的上市协商。当上市申请书等材料通过了英国上市管理局的审核，并落实了证券承销事宜后，准上市企业在挂牌前48小时，向英国上市管理局正式申请上市，并向伦敦证券交易所正式申请挂牌。

和德国类似，英国证券市场的产品细分种类也很丰富，除了股票，英国证券市场还提供以下两种产品。

（1）存股证（DR）

存股证，一般代表对发行者的基础股票拥有权，是在伦敦上市和交易的可用证券。在伦敦证券交易所可上市交易的存股证有美国存股证、欧元存股证，以及以美元标价的全球流通存股证。

伦敦证券交易所对以存股证形式上市的企业，有以下5个方面的要求。

上市代理人。与股票保荐人性质一样，上市代理人也需要有投资银行、律师事务所、股票经纪行等专业机构背景，并达到特定的资格要求。

经营记录。企业三年以上的经营记录。

上市说明书。申请上市的企业需要根据《上市细则》编写上市说明书，其内容必须包括一切有助于投资者开展决策的重要信息。

存托银行。即为存股证持有者托管相关股票的专业机构。外国企业在伦敦证券交易所上市，必须先与英国上市管理署指定的存托银行达成合作。

持续性义务。申请上市的企业，需要履行持续性义务，主要包括在指定期限内公布财务报表、及时公开敏感价格信息等事项。

（2）债券

英国上市管理署制定了企业债券在伦敦上市的规则和条件。而债券上市的要求，除了上述几点外，还包括企业要具有可转让性，即申请上市的企业债券可以自由地在不同所有人之间流动。

2.英国市场的上市申请

中国企业在欧洲各大交易所申请上市，需要根据目标市场的上市标准，将由英文或目标国语言撰写的招股说明书提交给目标国家的主

管部门，并会同其他金融中介机构在市场中开展协调活动，这便是
"上市申请"的基本路线。

不同的国家对上市申请有不同的规定。当外国企业已在本国市场
上市时，可以在伦敦进行二次上市，其股票可在本土和伦敦一起发
行。当外国企业未在本国市场上市时，则可在伦敦进行直接上市发
股。不管是在主板上市还是在另类投资市场（AIM）上市，相关企业
都可以在伦敦证券交易所获益，但上市公司也必须满足基本的上市
条件。

（1）保荐人

在伦敦证券交易所申请上市的公司必须有一位保荐人代表，而保
荐人必须来自投资银行、律师事务所、股票经纪行等专业机构，并达
到特定的资格要求。

（2）经营记录

除一些特殊性质的企业（如科研企业），其他企业在申请上市时
必须提交三年以上的企业经营记录。

（3）企业控股股东

申请上市的企业必须要能够独立实体运营，且有一个控股股东，
以避免出现利益冲突情况。

（4）招股说明书

申请上市的企业必须根据《上市细则》撰写招股说明书，其信息
需包括经过独立审计的企业财务数据、董事长及股东信息、企业
合同。

（5）持续性义务

申请上市的企业需履行持续性义务，主要包括在指定期限内公布财务报表、及时公开敏感价格信息等事项。

一般来说，英国股票市场仅需自律机制即可正常运作，而无须过多的外部干预。在秉承"公平、公正、高效"原则的自律机制下，企业想要公开发行股票，仅需在英国贸易部下辖的公司注册管理处注册登记。公司注册管理处会对企业呈报上来的注册材料进行审核，若无重大问题，3—5个工作日即可完成审核。

3.英国的上市审查制度

要在英国上市，相关企业不仅要在英国贸易部下辖的企业注册登记处登记，而且还需要将招股说明书及其他申请材料递交给伦敦证券交易所，并接受后者的审核。

伦敦证券交易所批准准上市企业的申请后，相关企业应在两家以上的伦敦重要报刊中，公开自己的上市说明书。接着再抄送一份上市说明书，送交英国贸易部下辖的企业注册登记处备案。这种规定体现了英国的上市审查制度区别于德国的地方，即在英国上市的企业，不仅要达到交易所规定的固定标准，而且还要达到若干经营性标准。

在实践中，伦敦证券交易所的上市审查机构会围绕"是否达到上市条件""信息披露程度""备案材料是否齐全"等因素，对准上市企业递交的材料进行重点审核。

现在，外国企业在伦敦证券交易所主板上市要经过两项审查程序。

首先，英国上市管理局（UK Listing Authority，UKLA，英国金融行为管理局的下属机构）负责审查上市材料，检查其经营情况是否达到上市规则（ListingRules）所列标准。与此同时，伦敦证券交易所则负责审核外国企业在交易（trading）层面的各项能力及信誉。只要这两项程序完成，外国企业的有价证券方能被允许在伦敦证券交易所上市。

如果外国企业申请在伦敦证券交易所中的另类投资市场（Alternative Investment Market，AIM）上市交易，则无须经过英国上市管理局UKLA的核准，仅需通过伦敦证券交易所的审查。

当一家外国企业了解了以上英国市场的规章制度，以及完成了所需要的流程后，基本上这家公司已经成功上市了。但值得一提的是，欧洲各国的证券交易平台针对上市收费环节，也建立了各具特色的制度。所以，下面就让我们来了解一下赴英上市所需要的费用数据。

针对英国企业或外国企业要在伦敦证券交易所主板上市的费用（admission fees），伦敦证券交易所制定了一套固定的计算机制，其计算标准如表4-1所示。

表4-1　伦敦证券交易所上市费用计算标准

500000		每增加100万英镑	最高费用（英镑）
大于或等于	小于		
0	5	最低费用	8700
5	50	1145	60225
50	250	430	146225
250	500	143	181975
500及以上		130	500000
		最大费用	500000

首次公开募股上市费用的计算标定物为股票刚刚挂牌时的市值，其计算方法如下：

（1）核定最高费用

根据表4-1所列的上市费用计算标准，分别核定最高费用。股票总市值位于哪个区间，则采用其最高费用。

（2）对超过部分每一百万应支付的费用进行计算

将上述费用相加，再加上20%的营业税（VAT）即为企业在伦敦证券交易所主板上市的费用。

（3）准上市公司的注册地若在英国，还需缴纳营业税

在英国，特别股被视为不同于一般股票的债券，故其上市费用应根据其单独的计算标准计算。企业发行特别股，只需缴纳上市费用而无须支付年费。当上市公司开展增资扩股行为时，还应按照上述标准计算其相应的费用。在此期间，市值小于或等于500万英镑的企业会得到10%的上市费用折扣优惠。而市值小于100万英镑的企业则无须支付新的费用。

4.3　英国证券交易所交易流程

众所周知，证券市场的环境可谓是瞬息万变，交易行为的盈亏往往可以瞬间反转。而作为证券市场的主要参与者，上市企业既要在交易中把握机遇，将自身股票市值做上去，维护大小股东的利益，也要审时度势，通过交易规避潜在的风险。所以上市企业想要在稳中求胜，就一定要熟悉英国证券交易所的交易流程。

英国伦敦证券交易所基本框架

经纪商、市场中介和结算会员机构是伦敦证券交易所的市场主要参与者，交易时间为每周的周一到周五。而对于每天各时段的交易安排，则根据不同的市场板块而有所不同。伦敦证券交易所主板市场的每日交易时间安排如表4-2所示。

表4-2　伦敦证券交易所主板每日交易时间

早上	7:00-7:50	开盘前委托时段
	7:50-8:00	开盘竞价（可新增、删除、修改委托）
	8:00-12:00	盘中交易
中午	12:00-12:02	盘中竞价（可新增、删除、修改委托）
下午	12:02-16:30	盘中交易
	16:30-16:35	收盘竞价（可新增、删除、修改委托）
	16:35-16:40	收盘后交易（按收盘价交易）

而在AIM市场中，则存在以下两种情况。

（1）证券交易所电子交易系统（SETS）和证券交易所自动报价

系统（SEAQ）：交易时间、委托时间和集中市场交易体系相同。

（2）证券交易所电子交易服务报价和交互系统（SETSqx）：该
系统融合了造市商报价机制和集中竞价机制。议价买卖时段为每个交
易日的9:00—11:00，14:00—16:35。除议价交易之外，每个交易日还
有4个特定时间的集中竞价：9:00、11:00、14:00以及16:35。

1986年10月27日，英国对金融体系进行了大变革，取消了关于手
续费的量化规定。新规允许各交易机构根据不同的服务，自行订立不
同的收费标准。而印花税由买方投资者承担，税率为交易金额的
0.5%。对于无法停留在委托簿中的委托（即非持续性委托），每笔收
取0.01英镑的经手费，其他委托类型则免费。如果该委托成交，则按
照以下标准收取每笔成交经手费：成交金额小于25亿英镑的部分，收
取标准为0.45个基点；成交金额大于25亿却小于50亿英镑的部分，收
取0.4个基点；成交金额大于50亿却小于100亿英镑的部分，收取0.3个
基点；成交金额大于100亿英镑的，收取0.2个基点。

1.英国伦敦证券交易所常态化交易细节

伦敦证券交易所交易系统可接受的最大委托股票数量为99，
999.99股。同时，伦敦证券交易所会根据各股最近3个月的成交金
额、成交数量和收盘价计算非极大值抑制值，并定期公开。

以主板市场为例，英国伦敦证券交易所的竞价模式与交易优先原
则为：开盘、盘中特定时间和收盘时间进行集合竞价。如果交易所预
测集合竞价时的股票价格会出现异常波动，则会采取延后开盘和收盘
的措施。而伦敦证券交易所在盘中时间则采用逐笔交易模式，并配有
动态及静态价格稳定措施。

伦敦证券交易所采用静态和动态两种升降单位计算法。前者是对
全部委托单适用的固定升降单位，后者则是根据委托价格的比例变动
而变动的动态升降单位。

英国伦敦证券交易所无证券价格涨跌幅限制，其委托类型有限价委托、市价委托、冰山委托（Iceberg Order）等。截至2018年初，伦敦证券交易所尚未设置适用于所有市场的"交易断路措施"。

当然，赴英的上市企业除了要了解常态化的交易细节之外，对特殊交易的运行规则以及信用交易的不同实施路径也要做到胸有成竹。

2.英国伦敦证券交易所特殊交易的运行规则

（1）巨额交易

伦敦证券交易所并无标准的巨额交易流程。但当投资者有大额委托时，可通过"大额委托显示系统"，与市场中介机构、其他投资者、市场经纪机构议价。巨额交易的成交价常常处在最佳买卖点之间。

（2）另类投资市场

另类投资市场（AIM）不仅在人员上保持独立，在交易规则方面也和伦敦证券交易所的主板市场（Main Market）相区别。对于具有不同流动性的股票，另类投资市场设立了不同的交易系统和交易模式。

委托驱动的交易模式。现在，伦敦证券交易所所有通过委托驱动的电子交易体系被统称为证券交易所电子交易系统（Stock Exchange Electronic Trading System，SETS）。在这类体系中交易的产品除了流动性较好的另类投资市场（AIM）股票之外，还包括部分封闭的开放式基金（ETFs）、交易所交易商品（ETCs）以及金融时报股票指数（FTSE Share Index）。

报价驱动的交易模式。伦敦证券交易所报价驱动的技术平台为证券交易自动化行情表系统（Stock Exchange Automated Quotation

System，SEAQ）。该系统的主要功能是显示造市商的双边报价。在证券交易自动化行情表系统交易的另类投资市场（AIM）证券流动性较差，所以一只股票最少得有两家造市商提供造市。

混合交易模式（Hybrid Market Model）。2007年，伦敦证券交易所组建了证券交易所电子交易服务报价及交叉（Stock Exchange Electronic Trading Service-quotes and crosses，SETSqx）系统。该系统融合了证券交易自动化行情表系统的报价功能和委托簿中的竞价买卖功能。此外，该系统还同时具有造市商报价驱动买卖模式和每日定时（9:00、11:00、14:00、16:35）竞价（Auction）买卖模式。

在混合交易模式中，造市商的报价也会被纳入竞价交易的撮合范围中。当另类投资市场中的证券没有两家以上的造市商提供造市时，可以在本系统中开展交易。

3.英国伦敦证券交易所信用交易的不同实施路径

伦敦证券交易所未设立市场管制措施和转融通制度，其他信用交易准则如下：

（1）开展有价证券融资融券业务的相关法律

包含英国财政服务法第55章（Financial Services Act Section 55）、股票和期货规章（Securities Future Authority，简称SFA）第3章第170条到第182条以及第4章全文。

（2）授信机构开展融资融券业务时，应具有的资格

对于一般股票的融资融券业务，英国的证券商和财务代理企业须经过伦敦证券交易所的核准；对于绩优类股（gilt-edged securities）的信用买卖，相关机构需获得英国中央银行（BOE）和英国内陆财务管理局（Inland Revenue）的核准；而对于非英国发行却

可以在英国融资融券市场流通的股票，相关机构则需要获得英国证券期货局（Securities and Futures Authority，SFA）的批准。

在股票借贷交易和附买回（repo）交易过程中，相关上市企业的股票如果达到一定条件，内陆财务管理局（Inland Revenue）不会收取附加的费用。而一些被伦敦证券交易所信任的证券借贷中介机构，也无须为融资融券业务向内陆财务管理局（Inland Revenue）缴纳附加的费用，这部分企业并不享有其他特权。融资融券市场中的中介机构可以直接向法人机构借贷证券。

（3）可以进行融资融券业务的股票类型

在英国或爱尔兰登记、并在伦敦证券交易所挂牌的绩优类股（gilt-edged securities）。

（4）对于委托保证金和契约的规定

无论是在集中交易市场还是在另类投资市场，无论是证券借贷交易、附买回（repo）交易还是法人机构的持股买卖，其交割结算工作均由波峰公司负责。

对于在股票借贷或附买回交易中的持股行为，波峰公司能为相关的法人机构提供诸多支持，如：融券交易中出借人和借券借款人之间的证券拨付；担保用股票、担保用资金或其他担保物的缴纳；出借过程中，借贷双方每天应缴纳的保证金数额应以上一个交易日的收盘价为基数，重新计算；在证券借贷的有效期内，波峰公司会把借贷所产生的利润自动划拨给出借人。若借券借款人获得了可供归还的股票，波峰公司会优先解除对相关借券借款人的限制，以帮助交易双方完成还券流程。

对丁在伦敦证券交易所开展的融资融券业务，投资者应参考3种契约订立合同：总股本与固定利息证券贷款协议（ster Equity and

Fixed Interest Stock Lending Agreement，缩写为EFISLA）、金边证券借贷协议（Gilt Edged Stock Lending Agreement，缩写为GESLA）和全球主回购协议（Global Master Repurchase Agreement，缩写为GMRA）。

除上述3类契约外，很多投资者还会选择全球主要股票借贷契约（GlobalMaster Securities Lending Agreement，缩写为GSLA）作为信用交易合同蓝本。

（5）授信机构开展融资融券业务的标的物来源

融资融券业务的标的物共有两大来源，其中融资部分的标的物来源为自有资金，融券部分的标的物来源为向银行或证券机构借入股票。

（6）授信机构维持债权的方式

英国对于授信机构维持债权的方式没有强制性规定，故相关方案应由银行、证券公司和投资者协商制定。

一般来说，为了保证出借人能在借出证券时获得借券费，借券借款人应向出借人缴纳一定现金。而融券的价值，要按每天的市场情况实时调整。当担保物的实际价值达不到规定的担保额时，出借人应用现金补齐其中的差价。

作为老牌经济强国，英国的市场管理体系一向以严谨著称。并且经过多年不断地查漏补缺，上层设计以英格兰银行（Bank Of England）、金融服务局（Financial Services Authority，FSA）、赋税署（Inland Revenue）为核心，中层和基层设计则以伦敦证券交易所和各类自律组织为骨干，可以说英国完善的市场制度已经完全覆盖了证券市场和货币市场的每个角落。当然借贷市场也不例外。

4.英国有价证券借贷制度

英国证券借贷市场的发展来源于其股票交易的特殊情况。一方面，在券商错账和投资人违约的情况下，交割仍需要完成。另一方面，卖空、金融衍生品避险、套利等特殊操作需要特殊的交割方式。《伦敦交易所法》明确规定，伦敦证券交易所的会员在开展证券借贷业务前，应和借贷双方分别签订符合伦敦证券交易所标准的借贷合同。自19世纪产生以来，证券借贷已经成为伦敦证券交易所中一项重要的金融中介活动。无论是出借方，还是借入方，都能在使证券借贷中获取正常交易以外的利益。

在开展证券借贷业务时，市场会对出借证券的价格进行洗价。而洗价所发生的价差，将由借贷双方通过款项交割系统进行拨付。

例如，若出借证券今天的价格较上一个借券日低，则出借证券的价格也需进行调整。相应地，出借人应向借券人返回多余的借券资金。若出借证券今天的价格较上一个借券日高，则出借证券的价格也需进行调整。相应地，借券人应向出借人补足上涨的借券资金。

英国股票借贷市场交易体系为店头形态的分散式结构。原则上，市场由出借人、借券人和中介人（intermediaries）三方组成。其中，中介人在面对需求面时，以当事人（principal）身份处理相关事务，在面对供给面时，以代理人（agent）身份处理相关事务。

在开展股票借贷业务时，波峰公司会先将特定股票从出借人的账户划转到中介人的账户中，随后再将特定股票从中介人账户划转到借券人的账户中。这两次操作会被波峰公司视为相互独立、互不影响的交易。

4.4　结算与交割

交割结算作为证券交易的最后一环,其效果直接决定投资者的利弊得失。为了确保交割过程的公平、及时,欧洲各大金融市场都建立了直属于交易所的专业结算交割机构。

1.英国的结算交割机构

伦敦结算所有限公司(LCH Clearnet Limited)是英国的证券结算机构,在欧洲主要国家中创建年代较早,故其影响力也最为广泛。

伦敦结算所有限公司根据英国法律组建,前身为始创于1888年的伦敦结算机构(London Clearing House,缩写为LCH)。该机构是纽约泛欧商品交易所(Euronext)、伦敦金属交易所(LME)、国际石油期货交易所(International Petroleum Exchange,IPE)、伦敦证券交易所(LSE)等交易平台的主要集中交易对手方。伦敦结算所有限公司的交割标的涵盖了证券、债券、期货、金融工具以及选择权合约等多种金融产品。

(1)成立法源

英国证券结算机构成立法为金融服务与市场法(*Financial Service and Market ACT*)。

（2）结算标的

伦敦结算所有限公司可以独立、高效、稳健地开展市场结算业务，其业务类型包括：

商品价差合约（ccCFDs）。伦敦结算所有限公司是欧洲第一个开展商品价差合约结算业务的集中交易对手。

商品市场结算。包括在伦敦证券交易所中交易的商品和在场外交易市场中交易的商品。前者的标的物可以是金属、橡胶、矿产、农产品，而后者标的物则可以是铁矿石期货和化肥期货。

信用违约交换（CDS）。信用违约交换产品是场外交易市场（OTC）金融衍生品中交易规模最大的标的物。

金融衍生品。伦敦结算所有限公司在该市场中有将近30年的管理经验。2009年，伦敦国际金融期货交易所清算公司（NYSE Liffe Clear）成为负责金融衍生品结算的集中交易对手，伦敦结算所有限公司则不间断地向伦敦国际金融期货交易所提供风险管控与结算支持服务。一旦出现违约情况，伦敦结算所有限公司将成为确保交割完成的集中交易对手。

能源。主要针对场外交易市场污染物排放交易（OTC Emissions）和能源节点交换Nodal Exchange这两项业务。

基金。主要标的物包括交易型开放式指数基金、大宗商品、房地产投资信托基金等产品。伦敦结算所有限公司通过EquityClear系统，能为瑞士证券交易所（swiss Exchange）、巴兹交易所欧洲分市场（BATS Europe）提供基金结算服务。

固定收益产品。伦敦结算所有限公司是世界第二大固定收益产品的结算机构。

外汇和交通运输业的航线交易。

利率交换产品。通过Swapclear系统，伦敦结算所有限公司承担了全世界超过一半的利率交换产品结算业务。

围绕投资者、作业周期、仓位管理、保证金管理等关键节点，欧洲各大交易所分别建立了符合各国金融市场环境的自动对盘交割流程。通过这些科学的交割流程，欧洲各大交易所不仅实现了针对各类投资主体的快速交割，更为全球证券行业树立了值得参考的交易标准。

2.伦敦证券交易所结算交割全过程详解

经过多年的发展，伦敦证券交易所已建立了专业的中央结算对手方结算和非中央结算对手方结算体系。

（1）中央结算对手方结算交割作业

首先，伦敦证券交易所的电子交易系统（SETS）或自动报价系统（SEAQ）将交易资料传递给伦敦结算所有限公司（LCH Clearnet Limited）。之后，伦敦结算所有限公司对交易资料开展结算。最后，伦敦结算所有限公司会向波峰公司下达交割指令，后者将完成最后的交割事宜。

伦敦证券交易所开展中央结算对手方（Central Clearing Party，简称CCP）交割作业的整体框架如图4-1所示。

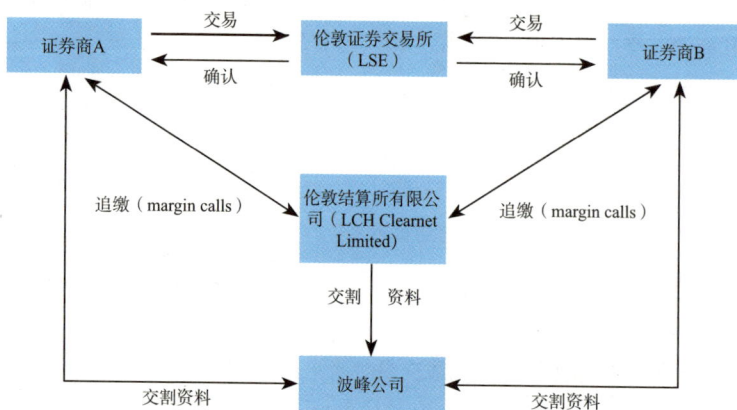

图4-1 伦敦证券交易所开展中央结算对手方交割作业的整体框架

（2）非中央结算对手方结算交割作业

大多数在伦敦证券交易所上市的证券，均会通过由英国和爱尔兰联合结算机构（Euroclear UK & Ireland，EUI）赞助的波峰公司进行交割。但英国的股票交易制度并没有规定，所有的交割作业必须在波峰公司进行，如果市场参与者愿意自行交割，也可以进行非中央结算对手方结算交割作业。

交易双方可以采用手动配对（manually match）方式交割。交易双方绕开伦敦证券交易所，将成交资料直接输入到波峰系统中，并相互配对（Matching）。一旦配对成功，交易双方再进行交割。

若配对工作因某些原因（如资料错误）未能成功，波峰系统会将相关成交资料退还给交易双方。此时，结算会员应及时通知结算机构进行资料更正。

结算机构会监控结算会员或结算会员的交割代理者（Settlement Agents）在配对工作中的表现。如果结算机构认定结算会员或结算会员的交割代理者在配对工作中的表现欠佳，结算机构会要求后者改善配对流程。在开展手动配对作业时，结算会员应尽可能确保交易双方能在成交日次日（T+1）之内，配对成功。如果因结算会员无法及时促成配对，而致使交割时间迟延或交割行为失败，相关的善后费用应由结算会员承担。

除了有限制时间的自动配对交割外，交易双方也可以在成交日当天，各自在波峰（CREST）公司手动输入指定的结算日（一般为T+10或T+20，但最长不应超过T+25）。这样一来，交割工作就会有良好的时间弹性。

专业的结算交割机构为交易行为提供了稳定的实施平台，而真正落实结算交割各环节的角色，却是欧洲各国金融市场的结算参与者。一般来说，这些参与者的身份是拥有各大交易所会员的金融中介机构。

3.英国金融市场的结算参与者

伦敦结算所有限公司的结算参与者有以下3种类型。

（1）一般结算会员

一般结算会员既是伦敦证券交易所会员，也是伦敦结算所有限公司会员。不仅负责处理自营的交易结算业务，也可对外处理投资者的交易结算业务。

作为结算活动的最重要的参与方，一般结算会员还可以被细分为6种类型：回购结算会员（RepoClear Clearing Member），最低净资本为1亿欧元；交换结算会员（SwapClear Clearing Member），最低净资本为500万美元；股权结算会员（EquityClear Clearing Member），最低净资本为500万英镑，一般清算会员的最低净资本为1000万英镑；相关交易所的清算会员（A Clearing Member of the relevant exchanges），最低净资本为1亿欧元；LCH EnClear清算平台场外交易清算备忘录会员（LCH EnClear OTC Clearing Memer），最低净资本为100万英镑。

（2）非结算会员

非结算会员是伦敦证券交易所会员，但不是伦敦结算所有限公司的结算会员。所以，非结算会员的结算业务必须得和一般结算会员合作，间接办理。如果非结算会员想要开展股票结算服务，就必须和一般结算会员签订专门的授权合约（EquityClear NCM-GCM Agreement），并接受相关合约的约束。如果非结算会员与一般结算会员在签订授权合约之后，想要成为正式的结算会员，就必须先终止委托合约，接着向伦敦结算所有限公司递交申请。

（3）个别结算会员

个别结算会员的性质与一般结算会员基本一致。二者唯一的区别在于个别结算会员无权向非结算会员（NCM）提供结算服务，而一般结算会员有权向非结算会员（NCM）提供结算服务。个别结算会员的最低净资本为100万英镑。

除最低净资本外，英国金融市场的结算参与者还需达到一定的信用级别。

例如，一家金融中介机构想要成为回购结算会员（RepoClear），必须获得全球公认债券评级机构BBB以上的评级。当该金融中介机构的评级下降到BBB-时，就必须向市场缴纳110%的期初保证金（initial margin），以对冲其增加的风险；当该金融中介机构的评级下降到BB+，就必须向市场缴纳200%的期初保证金。

与之类似，一家金融中介机构在申请交换结算会员（SwapClear）时，必须获得A级或A级以上的信用评级。当该金融中介机构的评级下降到A-，就必须向市场缴纳110%的期初保证金；当该金融中介机构的评级下降到BBB+，就必须向市场缴纳200%的期初保证金。

一般结算会员如果具备充足的人力资源和技术水平，可以在征得伦敦结算所有限公司书面同意的情况下，为伦敦证券交易所以外的证券交易平台提供结算服务。当自营商（Dealers）与非结算会员（NCM）想要直接对自己的交易进行结算时，就必须向伦敦结算所有限公司申请结算会员资格。

如果结算会员想要终止自己的会员资格，则应于预定终止日的前90天，向集中结算机构提交通知。在发布通知之后，相关结算会员还应就其与其他非结算会员或运营商之间的结算业务，做出妥善安排。

欧洲的金融市场总体上呈现出的是一种多极化、碎片化的布局，这就势必导致该地区各国证券市场在经营过程中的不同诉求。与德国相同，除了交易、结算、借贷这些在日常管理中必须重视的环节，英国还对诸如违约处理、补购作业、调整交割结算基金规模等特别事项做出了附加规定。

4.伦敦交易所的特别事项

在英国，投资者先通过证券借贷扩大自身在上市企业股东大会的投票权，继而获得上市公司控制权的做法，是市场所允许的。不过英国的授信机构并不鼓励投资者这样做。而当投资者在交割过程中出现违约行为时，伦敦结算所有限公司等机构会立即采取相应措施，控制交易风险。

（1）违约处理程序

根据伦敦结算所有限公司出台的违约处理规则，当该机构认定结算会员违约时，会将其客户合同及相应的仓位转移到其他会员名下。替代会员可以根据自己的意愿，重新订立客户合同，而不需要考虑客户的保证金是否充足。此举意在避免市场风险。

当市场出现违约情况时，伦敦结算所有限公司会直接将违约会员的仓位了结（close out），而非违约结算会员的仓位则不会受到干预。

（2）交割保证

伦敦结算所有限公司作为中央结算对手方，理所应当地要确保市场交割的顺利进行，其财务保护机制由风险管理、财务资源以及违约发生时的相应次序3部分构成，如表4-3、表4-4、表4-5所示。

表4-3　伦敦结算所有限公司的财务保护机制（风险管理部分）

会员管理	会员准入标准	·会员标准反映了伦敦结算所有限公司对金融中介经营资格的认知 ·通过设置会员标准，伦敦结算所有限公司能够提前识别出具备足够资金和运作能力的机构
	会员持续管理	·任何会员都要接受实时监督、信用评估 ·伦敦结算所有限公司有权增加会员的保证金比例

续表

保证金	变动保证金	· 变动保证金的数额能够彻底覆盖市场每天的损益状况，继而及时清除风险
	期初保证金	· 正常市场情况下，一旦会员违约，期初保证金可覆盖伦敦结算所有限公司强行平仓会员仓位时所遭遇的损失
	盘中保证金追缴	· 如果有必要，伦敦结算所有限公司可以要求会员增加盘中保证金。

表4-4　伦敦结算所有限公司的财务保护机制（财务资源部分）

违约基金（Default Fund）	提存方法	结算基金规模的设置参考为压力测试数据，而压力测试数据的计算基数均来源于极端的市场状况
	资产型式	现金、债券
	基金规模	约7.5万英镑
	调整频率	无论何时，只要某个会员的经营风险超过结算基金允许的水平，伦敦结算所有限公司会要求其追缴保证金
	基金补充	当结算基金全部用完，伦敦结算所有限公司会动用自有资本
结算所资金		伦敦结算所有限公司自有资本（最多2000万英镑）
其他资金		由信用评级达AAA的保险公司的承保，保险额度2亿英镑

表4-5　伦敦结算所有限公司的财务保护机制（相应次序部分）

第1顺位	违约会员事先缴纳的保证金（Margin Cover）
第2顺位	违约会员事先缴纳的违约基金
第3顺位	伦敦结算所有限公司自有资本（最多2000万英镑）
第4顺位	相关保险不足以覆盖的可请求损失赔偿追索权（recourse）
第5顺位	其他可利用的保险（insurance）
第6顺位	全部可请求损失赔偿追索权（recourse）
第7顺位	对结算会员的追索权
第8顺位	对与违约会员有关，且尚可更改的合约进行修正，要求对方退款。
第9顺位	以不影响其他债权人的利益为前提，伦敦结算所有限公司以自有资金承担损失

4.5　全面认识英国的集中保管

保管作业看似只是将股票集中"存放"，其实不然。在市场中，保管方不但要考虑证券的存入和流出，而且还得综合考虑市场变化对证券价值的影响，以及投资者的意愿。正所谓术业有专攻，欧洲主要的证券市场均设立了独立的集中保管机构。

1.英国的集中保管机构

欧洲清算所英国和爱尔兰分部（Euroclear UK&Ireland）是英国唯一的股票集中保管机构。该机构前身为波峰公司（CREST），2002年9月与欧洲清算所公开股份有限公司（Euroclear plc）合并。欧洲清算所英国和爱尔兰分部通过名为波峰系统的平台，同时向英国和爱尔兰的投资者提供有关证券、企业债、政府债以及货币市场工具的结算服务。

（1）资本

欧洲清算所英国和爱尔兰分部并未公布过独立的资本额数据。截至2017年初，欧洲清算所公开股份有限公司的资本额已达322.8万欧元。

（2）股东

欧洲清算所公开股份有限公司是欧洲清算所英国和爱尔兰分部的

全资控股股东。

（3）法律依据

欧洲清算所英国和爱尔兰分部的前身波峰公司是依据2000年出台的《金融服务及市场法》（*Financial Services and Markets Act 2000*）所设立的专门机构。2014年，英国议会通过了新的《集中保管条例》。该法案的要点包括：股票交易所或其他受监督市场的结算周期，最长到成交日之后的第2天（T+2）；任何市场参与者都必须保留一份包括保管作业在内的股票交易电子记录；股票集保机构（CSD）应严格遵守保管规程，以确保保管作业稳妥进行。

（4）业务

欧洲清算所英国和爱尔兰分部所开展的业务包括：转账、对账、账簿划拨、代办过户、核对股东名单、英国共同基金的交割业务、股务作业、电话投票、国际交割。

（5）参与者

欧洲清算所英国和爱尔兰分部的会员可被分为直接会员和间接会员两类。

直接会员。直接会员可直接与波峰系统对接，并通过特殊的安全网络和波峰系统交流。直接会员亦可选择成为保荐人会员（Sponsor），保荐人会员可以为间接会员提供与波峰系统对接的代理服务。

间接会员。间接会员可由法人或自然人担任，其与波峰系统之间的连线，必须通过指定第三方（也就是直接会员）完成。

自然人通过其券商向欧洲清算所英国和爱尔兰分部递交申请资料，并得到后者的批准后，即可成为个人会员（Personal

Member）。个人会员可通过保荐人会员，向欧洲清算所英国和爱尔兰分部索取自己所持有股票对应上市公司的资料。而其股票交割事宜亦需通过券商等保荐人会员以账簿划拨的形式开展。

理论上讲，任何保管作业都无外乎送存和领回两大程序。而由于欧洲各国在股票发行制度上有所差异，直接导致了各国在保管实务方面的特殊安排。

2.英国金融市场的保管作业

在法律层面，英国并没有关于集中保管的强制性要求，但集中保管依然是英国金融市场约定俗成的运营机制。

（1）保管标的和发行方式

欧洲清算所英国和爱尔兰分部负责保管股票，而英国中央证券登记有限公司（Computershare）则负责保管货币市场工具和政府债券。上市公司下辖的服务代理部门可以选择发行实体或非实体股票，但保存在欧洲清算所英国和爱尔兰分部的股票已经全部实现了虚拟化。截至2017年初，由欧洲清算所英国和爱尔兰分部保管的证券总市值已达到5.8兆欧元。

（2）保管方式

英国采用无实体账簿划拨保管模式。投资者把实体股票交给经纪商，经纪商再将实体股票交给服务机构进行查验。若认定实体股票为真，服务机构就会将其销毁，并在波峰系统中电子账簿上进行记录。

（3）送存和领回作业

英国金融市场的投资者若想领回自己在波峰系统登记的股票，可先向经纪商直接提出申请。经纪商会要求服务机构印制新的股票，并还给投资者。最后，股务机构会在波峰系统里扣除被投资者领回的股票数额。

（4）退市

在开展退市作业时，股务机构会在一个月内，从波峰系统中移出已经退市的证券。被移出波峰系统的已退市股票会从虚拟股变回实体股票（Re-materialize）。这些实体股票应由其对应上市企业的股务部门负责印制。

（5）金库

英国金融市场因采用无实体保管方式，故无金库。

（6）监管体制

英国最新的集中保管规范是2014年11月21日实行的《中央证券托管条例》[The Central Securities Depositories Regulations 2014（SI2014/2879）— implement in part certain articles of the European Regulation（EU）No.909/2014 on central securities depositories（the CSDR）]。其主要内容如图4-2所示。

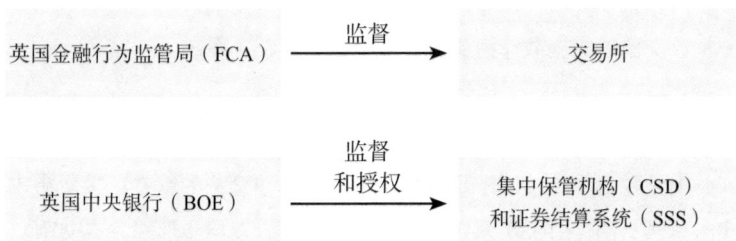

英国金融行为监管局（FCA）　—监督→　交易所

英国中央银行（BOE）　—监督和授权→　集中保管机构（CSD）和证券结算系统（SSS）

图4-2　英国政府对于交易平台的监管体制

按照不同的交易途径、不同的交易时间、不同的市场板块等分类标准，欧洲各主要金融市场分别制定了多元化的账簿划拨作业体系。

3.英国金融市场的账簿划拨作业

2011年9月，英国中央银行（BOE）告知欧洲央行：英镑不会参与欧元区款券结算交割整合计划（TARGET 2 Securities，T2S）。随后，欧洲清算所英国和爱尔兰分部也宣布不参与欧元区款券结算交割整合计划。这就从政策层面造就了欧洲清算所英国和爱尔兰分部在英国金融市场中的独特地位。

欧洲清算所英国和爱尔兰分部负责英国证券市场的账簿划拨作业。英格兰银行（Bank of England）负责对英镑类和欧元类款项进行交割。在开展账簿划拨作业之前，交易双方应确保自己手中的资金或股票数量充足。

时间方面，英国国内股票及公司债的交割时间为T+2（成交日之后两天内），英国政府公债的交割时间为T+1（成交日次日内），货币市场工具的交割时间为T+0（成交日当天）。

欧洲清算所英国和爱尔兰分部（Euroclear UK and Ireland）的有价证券交割模式如下：

（1）款券总额同步交割

该交割的实施载体为实时总额交割（RTGS）系统。

（2）非同步交割

由伦敦清算所（LCH Clearnet）先结算净交割的款券，接着再由实时总额交割（RTGS）系统结算剩余的款券，以异步形式完成交割。

（3）实体交割

由波峰系统所提供的快递和分拣功能（Courier and Sorting Service CCSS），支持交易双方在波峰系统外开展实体交割。

（4）波峰结算模式（CREST Settlement）

对于并非通过中央结算对手方结算的交易标的，由参与机构输入交割指令，并比对交易双方的交割信息；而对于需通过中央结算对手方结算的交易标的，由伦敦清算所、瑞士结算所（SIS x-clear AG）以及欧洲央行对手结算公司（EuroCCPN.V.）等专业结算机构输入交割指令，并比对交易双方的交割信息。

从2014年10月6日起，任何交割周期为T+2的交易，需与T+1完成比对（matching）。对于逾期完成比对的交割机构，伦敦证券交易所会按照每笔每天2英镑的标准进行罚款。

（5）跨平台净额结算

通过跨平台净额结算机制，中央交易对手方可以为任何参与者在任何交易平台所交易的任何股票，建立统一的净仓位。同时，中央交易对手方还可以将这些净仓位的交易信息传送到波峰系统中，直接开展交割。

跨平台净额结算的适用对象分为五种：第一种是中央交易对手方在波峰系统之外所开展的净额结算交易，且该中央交易对手方为波峰公司的会员；第二种是长期在受监管市场中交易，且需缴纳印花保留税（Stamp Duty Reserve Tax，缩写为SDRT）的股票；第三种是无须缴纳印花保留税或爱尔兰印花税的股票；第四种是受监管市场里的中介机构，或是通过英国税务与海关总署（HMRC）核准的其他金融机构；第五种是交付类（Delivery，DEL）交易。

证券借贷、附买回交易、隔夜依值交付交易（Overnight Deliveries by Value, Over night DBVs）、定期依值交付交易（Term DBVs））不属于跨平台净额结算的适用范围。

4.英国的股务作业

上市公司的股务作业以股利发放、除权除息、股东投票三项工作为核心，其牵扯面涵盖了交易所、清算公司、上市企业、中介机构以及普通投资者等多个市场角色。面对这类繁杂的工作，上市公司单靠自身的力量往往很难快速完成，所以，欧洲很多国家的证券市场都设有股务代理机构，专门为上市企业处理股务事宜。而在股务代理方面，欧洲金融服务产业的"领头羊"——英国自然是其中最有心得的国家。

欧洲清算所英国和爱尔兰分部并不具备法人身份。独立运营的登录机构通过和波峰系统相结合，可以实时开展电子转账（Electronic Transfer of Title，缩写为ETT）登录作业。从2004年起，过户投资者服务公司（Computershare Investor Services Plc）承担起了原属于英国央行（Bank of England）的政府债券集中登录职责。

（1）服务项目

欧洲清算所英国和爱尔兰分部的股务作业内容包括：现金股利发放和增资股票发放。与此同时，因为欧洲清算所英国和爱尔兰分部还可以提供账簿划拨业务，所以上市企业也可委托该企业开展配股、配息等业务。

如果上市企业选择欧洲清算所英国和爱尔兰分部，开展自动账簿划拨业务，则其股务代理人必须具备欧洲清算所英国和爱尔兰分部的参与者资格。在开展配息作业时，上市企业的股务代理人应将股息划拨到欧洲清算所英国和爱尔兰分部的会员机构（一般是银行）。随后，相关会员机构会将股息分配到股务代理人指定的股东账户名下。

欧洲清算所英国和爱尔兰分部的股息发放程序如图4-3所示。

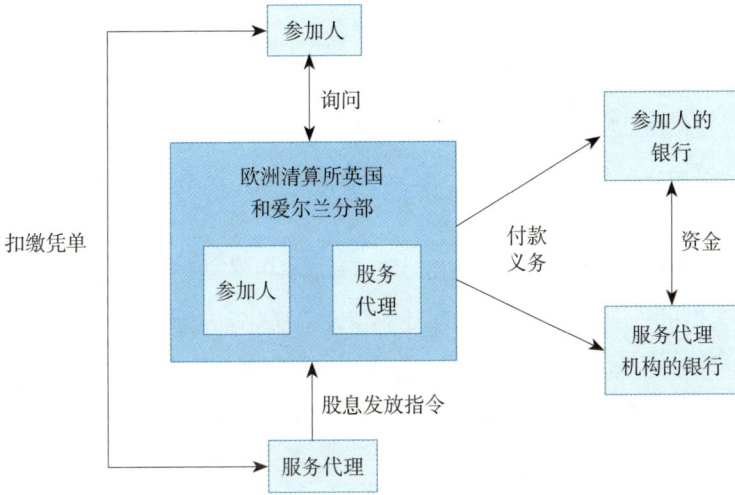

图4-3　欧洲清算所英国和爱尔兰分部的股息发放程序

欧洲清算所英国和爱尔兰分部发放增资证券的程序如图4-4所示。

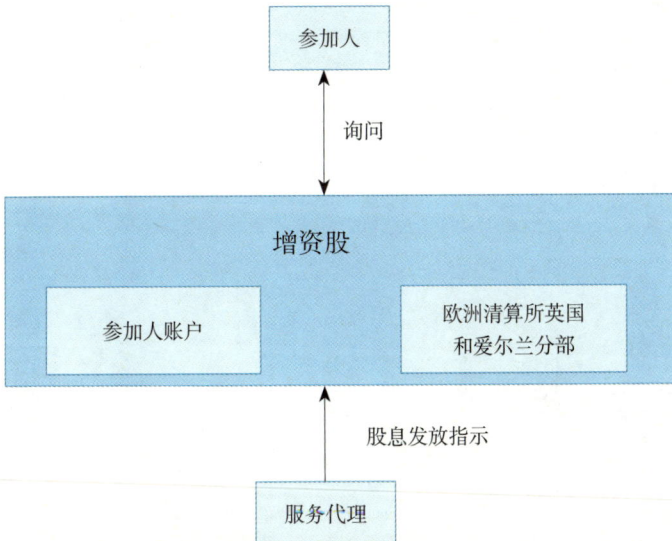

图4-4　欧洲清算所英国和爱尔兰分部发放增资证券的程序

（2）股东权利行使途径

为了顺应市场需求，让上市公司股东更方便、更直接地行使股东权利，欧洲清算所英国和爱尔兰分部于2003年1月，向金融市场参与者提供通讯投票服务（Proxy Voting Service）。通讯投票服务具体包括会议举办通知、指定代理人、投票指示、投票结果通知这4项业务。

通讯投票服务的主要适用对象为开展集中保管业务的机构。除此之外，投票服务提供商（Voting Service Provider，缩写为VSP）也可以体验通讯投票服务。但是，投票服务提供商在体验通讯投票服务时，只能使用波峰系统的信息传输功能，而不能通过波峰系统与交割系统、划拨系统相连接。

4.6　英国的监管体系

一般来说，欧洲各大交易所本身就是欧洲各国金融市场监管系统的重要一环。但交易所毕竟不具备全方位的监管能力，在承担交易、结算、保管等职责的同时，再开展监管作业，难免分身乏术。而欧洲主要国家正是意识到了这一点，专门组建了从地方到中央、从银行到证券、从政府到市场的多角度监管体系。

谈及欧洲的证券市场监管体系，我们首先得将目光聚焦于金融产业在国民经济中占重要地位的英国。

英国股票市场所遵循的法律原来是1986年生效的《金融服务法》（*Financial Services Act 1986*）。2000年6月，为了与金融业混业运营的发展态势相适应，并强化金融监管，英国议会又通过了《金融服务和市场法》（*Financial Services and Market Act*）。该法律遂成为规范当前英国金融产业的根本大法。

根据《金融服务和市场法》的规定，英国政府新成立的金融服务管理局（Financial Services Authority，FSA）同时取代原来的证券与投资委员会（Securities and Investment Board，缩写为SIB），成为英国政府对金融行业开展全方位监管的执法部门。此外，伦敦证券交易所等证券市场也以金融服务管理局出台的指导原则（Market Abuse Directive）作为自己的监管准则。

2007年到2008年间，英国金融市场遭遇了全球金融风暴的影响。此后，英国政府对既有的"财政部（MOF）——英格兰银行（BoE）——英国金融监理服务局（FSA）"三位一体金融监管体系进行了新的变革：

英国金融监理服务局被拆分为金融政策委员会（Financial Policy Committee，缩写为FPC）、金融行为监管局（Financial Conduct Authority，缩写为FCA），以及审慎监管局（Prudential Regulation Authority，缩写为PRA）3个部门。其中，金融政策委员专门负责指定和调整宏观金融政策，并不负责具体的监管事务。

金融行为监管局、审慎监管局于2013年4月1日起正式运作，并共同承担原属金融服务管理局的监管职责。金融行为监管局的职责是维护市场公平环境、保护投资者权益。该机构对上要接受英国财政部的领导，而后者可以直接任命金融行为监管局管理委员会的委员。审慎监管局则隶属于英国的中央银行——英格兰银行，专门负责对各营建委员会（Building Society）商业银行、投资银行以及保险公司进行监管。

伦敦证券交易所作为英国证券流转的枢纽，其本身也承担着一定的市场监管职责。为了确保市场环境安定有序、保障投资者利益。伦敦证券交易所会和金融行为监管局、审慎监管局等监管部门进行密切配合，对上市公司、券商等市场主体进行实时监督。

1.英国的在线监管

英国各金融交易平台开展在线监管的基本思路是：利用人工智能系统，对市场中的交易数据或交易行为进行自动判别，继而找出市场中潜在的不法行为。伦敦证券交易所是目前英国在线监管水平最高的交易平台。

伦敦证券交易所执行在线监管的具体部门是市场法规部（Market Regulation Department）。该部门有两项主要职责，分别是：对整个交易过程开展在线监督、修订市场规则。

早在20世纪80年代，伦敦证券交易所市场法规部就引入了整合性计算机交易系统IMAS（Integrate Monitoring and Surveillance System），对各交易时段内的交易活动进行实时的线上监管。

当整合性计算机交易系统察觉到个股的异常情况时，市场法规部的监管小组（Market Supervision Team）会立即采取对策，如暂停个股交易、向有关上市公司通报事态等。

1997年3月，在既有智能监控系统的基础上，市场法规部又启用了一套新的在线监管系统——智能监管系统（Intelligent Altering System，IAS）。该系统可以自主分析海量的交易记录。当智能监管系统认定某项交易存在违规现象时，便会将相关情况通知到自动警示（Auto Alert）系统，而后者又会把市场风险告知给伦敦证券交易所的监管人员。

对于在线监管作业，市场法规部并未就个股涨跌程度、交易数量、集中度等数据设置固定的监管指标，而是会对上市企业在披露信息的前后，其股价是否存在异常波动进行定性监控。

英国政府金融监管机构的在线监管标的如图4-5所示。

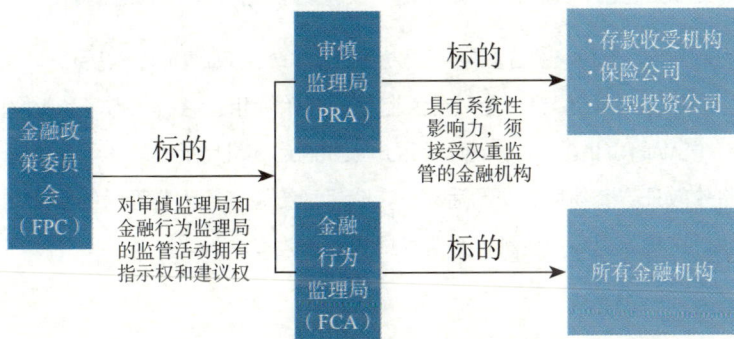

图4-5　英国政府金融监管机构的在线监管标的

2.英国监管部门的不法查核作业模式

在取得券商提供的个人投资者资料后，伦敦证券交易所的调查人员会在最短的时间内，对相关资料进行分类整理，随后再将这些资料分享给金融行为监管局（Financial Conduct Authority，缩写为FCA）。金融行为监管局会根据相关案件的性质，责成其市场行为部门或交易监控部门开展不法查核作业。在此期间，伦敦证券交易所应根据金融行为监管局的要求，协助后者调查。

金融行为监管局下辖市场监管部门的内部结构如图4-6所示。

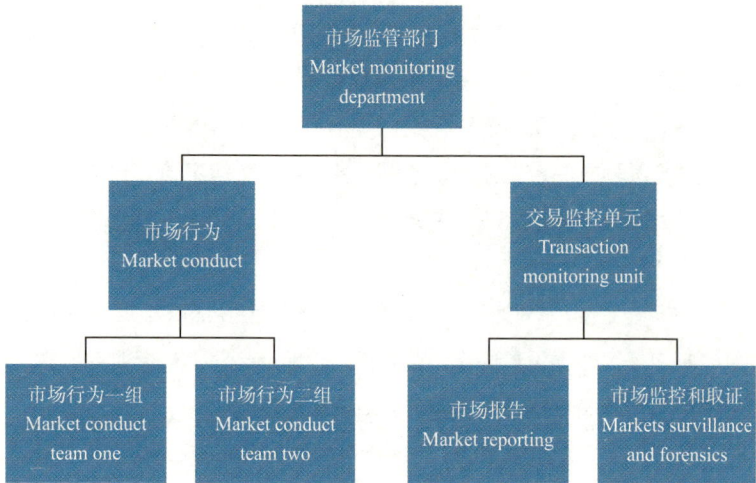

图4-6　英国金融行为监管局下辖市场监管部门的内部结构

从2013年5月起，金融行为监管局开始启用智慧诚信市场监控平台（SMARTS Integrity market surveillance platform）。该平台可以将伦敦证券交易所的交易活动，实时呈现给金融行为监管局各监管团队，这样就提高了金融行为监管局的查核效率。

3.英国监管部门的跨市场监管

英国金融市场绝大多数的跨市场监管作业，都会由金融行为监管局以秘密处理的方式进行，所以外界对英国监管部门的跨市场监管活动的具体细节并不是特别熟悉。总的来说，英国监管部门的跨市场监管标准会被分为两种：预警级别和查案级别。该分类标准与世界主流的监管制度相同。

（1）针对股票及其衍生性产品的跨市场监管制度

对于不同板块的证券交易活动，伦敦证券交易所本身就设有网络化的交易监管系统。除此之外，伦敦证券交易所还与伦敦国际金融期货选择权交易所（LIFFE）建立了安全协作机制。在该机制下，两家交易平台会将自己的监管系统和对方进行对接，从而进行快速的监管信息共享和及时的交易事件研判。

（2）国际跨市场监管信息共享机制

伦敦证券交易所与伦敦国际金融期货及选择权交易所都是国际证券组织（ISG）的主要成员，所以这两家机构与位于美国、加拿大、大洋洲、欧洲大陆等地区的共计53家金融产品交易所、欧美各国的金融主管机构、国际多边金融机构之间，都建立了非常密切的跨市场监管信息共享机制。这些金融机构之间就跨市场监管展开的合作，不仅局限于信息交流，而且还包括法规协调。

4.英国监管部门的特别规定

（1）离线监管

对于交易数据触及预警标准的有价证券，伦敦证券交易所的现场监管人员会综合考察其价量变动、上市公司重大消息以及券商提交的投资者资料，分析围绕该股票的交易是否存在价格操纵（Price Manipulation）、内部交易（Insider Trading）、抢先交易（Front Running）以及临收与固定作价（Capping and Pegging）等违规情况。在开展离线监管时，伦敦证券交易所的现场监管人员还会要求券商、银行等中介机构协助调查，而后者也必须予以相应的配合。

（2）紧急预案

当伦敦证券交易所的监管系统发现危及正常交易秩序的紧急情况时，值班分析师会直接提请交易所管理层暂停证券交易。当相关市场消息公开或市场情绪稳定之后，值班分析师又会提请交易所管理层恢复证券交易。

（3）对店头市场的监管

除了常态化的自我监管，伦敦证券交易所的监管部门还要负责对另类投资市场（AIM）和伦敦证券交易所中的交易行为进行监管。

在对店头市场进行监管时，伦敦证券交易所的监管部门首先会通过先进的综合监管系统（Integrated Monitoring and Surveillance system，缩写为IMAS），在线实时监控店头市场中的交易活动，并对疑似市场欺诈、市场操纵、内线交易的活动开展专项调查。

其次，伦敦证券交易所还会通过其自1997年3月引入的智能报警系统（Intelligent Alerting System，IAS），以人工智能的模式对从店头市场传来的海量交易资料开展自动分析，并得出二次结论。

当上述两种监管系统的判断结果一致时，伦敦证券交易所的监管部门就会通过其外汇监管新闻服务机制（Exchange Regulatory News Service，缩写为RNS），向另类投资市场AIM和伦敦交易所公布调查结果，从而稳定投资者情绪。

4.7　企业在英国上市的后续事宜

与德国资本市场相同，外国企业想要在英国市场中取得一番作为，同样要遵照英国市场的规章制度。下面就让我们来一一了解一下。

1.英国的信息披露

及时、全面的信息披露既是欧洲各大交易平台对上市公司的强制要求，也是上市公司与投资者乃至社会大众进行有效沟通的必要手段。围绕财务报告和企业经营信息这两个重点，欧洲各大交易所建立了差异化的信息披露制度。

以披露信息的时间点为判定标准，英国上市企业的信息披露行为可被分为定期和不定期两种形式。

（1）定期披露

主要适用于各类公告财务报告。例如：每个财务年度结束之后半年内应公开的年度财务报告，该报告须由会计师审核；每个财务年度过半时，3个月内应公开的半年度财务报告，该报告无须会计师审核。

（2）不定期披露

主要适用于上市企业内部出现的、对公司股票价格有可能造成影

响的敏感事项。例如：企业董事及大股东持股情况的变动、董事席位
及人选的变化、增资扩股决定、股利分配计划；聘任、解聘辅导商或
经纪商的信息；取得或处置重大资产的关键事项；企业收购或被收
购、兼并或被兼并的有关事项；对于能够影响到企业经营状况的特定
人物，其个人交易事项也需向市场公开。

英国上市企业的信息披露路径如图4-7所示。

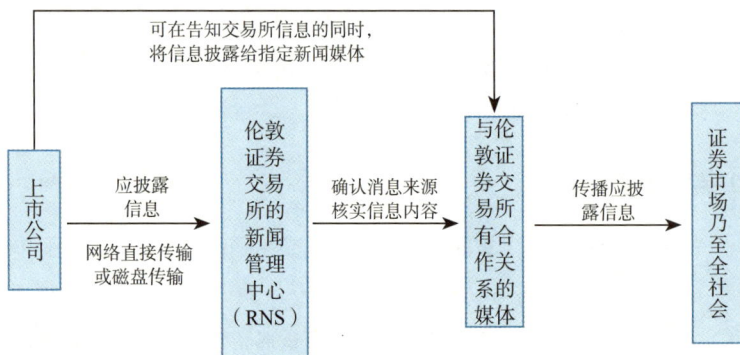

图4-7　英国上市企业的信息披露路径

如果一家上市企业未能遵守上述信息披露规定，那么伦敦证券交
易所就会暂时停止，直至取消相关企业股票的交易活动。

2.英国上市企业的纳税要求

对于中国企业在英国设立的分公司，其缴税类型以公司税为主。
除此之外，还有其他具有英国特色的小税种。中英两国政府已经签署
了避免二次征税的协定，而按照该协定中的非歧视条款，无论对于哪
类税种，中国企业都有机会享受低税率优惠。

（1）公司税

英国的税务部门一般会将企业的年利润作为征收公司税的标的

物。而以企业的年利润为基准，公司税征收标准被划分为5个档次：当企业的年利润不超过1万英镑时，无须缴税；当企业的年利润在1万到5万英镑时，其税率在0到19%之间；当企业的年利润在5万到30万英镑时，税率为19%；当企业的年利润在30万到150万英镑时，其税率在19%到30%之间；当企业的年利润超过150万英镑时，税率为30%。

（2）其他税种

统一营业税（unified business rate）。该费用为面向全体工商财产所有者征收的赋税，不过注册地在英国北爱尔兰地区的企业无须缴纳该税种。

国民保险费（National Insurance Contribution，NIC）。国民保险费为英国社会保障系统的一部分。该费用会在企业员工的工资账户中被直接扣除。

欧洲各国证券市场中的券商，有的由专业的金融中介机构充当，有的则由商业银行兼任。而欧洲各国对券商的管理，有的由政府进行，有的则由各证券业参与机构所组建的自律组织进行。尽管管理者和被管理者的身份在欧洲各国都不尽相同，但欧洲各国开展券商管理的根本宗旨却都是一致的，那就是"保障投资者利益，维护市场秩序"。

3.英国对券商的管理

在英国的券商管理体系中，由各券商、交易所组建的证券业自律机构发挥着主要的管理作用。在此基础上，英国金融行为管理局也会对券商实施辅助管理，而英国金融行为管理局本质上也是获得政府特别授权的自律组织。由此可见，英国政府对证券商基本采取了放任政策。

（1）券商自律组织

英国境内各家券商在组成自律组织后，应先获得金融行为管理局的承认。此后方可开展下列项目：调查内部各成员的财务状况、从业背景与资质；监督内部各成员的业务开展情况；构建投资者申诉渠道；处罚违反行业自律规范的券商。

（2）英国金融行为管理局

金融行为管理局制定了券商行为规范：建立内部监督机制；确保资金流动性；交易行为严格遵守法律规定；自觉接受客户监督；主动为客户搜集市场信息，并确保信息真实、通俗；尽量避免和客户发生利益冲突。当自身和客户之间的利益冲突不可避免时，平等对待客户的利益诉求；以分户保管的形式，妥善保管客户资产；主动配合监管机构的调查活动；妥善保管各项交易记录。

4.伦敦证券交易所的退市安排

（1）退市标准

根据英国《金融服务与市场法》第78条的规定，上市企业在出现下列情况时，其股票就会被交易所暂停交易，并进入退市状态，如表4-6所示。

表4-6　伦敦证券交易所的退市标准

经营方面	企业出现财务困难，导致其部分或所有业务难以继续经营
	资不抵债
	企业已因资产清算、行政命令，或其他原因而停止营业
资本运作方面	掌握企业资产的原股东被外部收购方取代
	企业与其债权人达成了妥协
政府方面	应缴纳的行政费用没有如数上交

续表

法律方面	企业董事会成员直接触犯《金融服务与市场法》
	企业董事会成员在英国或其他国家及地区，遭遇法律制裁

（2）退市制度

暂停上市。2000年，英国政府颁布《金融服务与市场法》，该法第78条规定：若上市企业的负债远远超过其所拥有的资产，则由上市企业主动提请暂停上市或由伦敦证券交易所裁定上市公司股票暂停上市。

终止上市。在暂停上市生效的6个月内，上市企业应定期向市场发布公告，披露自己在一段时间内的经营情况。在此期间，伦敦证券交易所也会对其进行阶段性调查。

若在暂停上市生效的6个月后，伦敦证券交易所依旧判定上市企业不具备上市标准，该机构就会以书面形式通知上市企业向自己提交一份资产重组方案。上市企业制定并提交第一份资产重组方案的时间为暂停上市生效之后的第7个月到第12个月。

在收到上市公司提交的资产重组方案后，伦敦证券交易所将对上市公司的方案执行情况开展审查。若上市公司在第一次资产重组之后，依旧达不到上市标准。伦敦证券交易所将向外界宣布该上市企业已临近退市，并向投资者揭示相关风险。此后，伦敦证券交易所会继续向上市公司提供6个月的宽限期，令其向自己递交第二次资产重组方案。

若上市公司在第二次资产重组之后，依旧达不到上市标准，则伦敦证券交易所就会对其进行终止上市的处理。

第5章

赴法上市：
欧洲大陆的传统
资本强国

　　曾孕育出伏尔泰、黑格尔、培根等哲学大家
的欧洲在人文领域一致都秉承着严谨的态度，不
仅仅是德国、英国，法国的证券体系同样如此。
所以，如果我国的中小企业想要将战场选在法
国，就需要有所针对，详细了解法国的证券市场
情况，方能有所斩获。

5.1 知己知彼，了解法国上市环境

在进入法国交易所之前，中国企业首先应该了解该国的法律制度、政策环境，是否有在法国设立独立或非独立的分公司，并围绕管理、人事等主题确立适应有关国家经济社会环境的公司制度。随后，中国企业还应根据自身的实力和需要选择具体的上市市场，继而组建相应的上市团队。不过值得一提的是，在法国组建上市团队的要求与德国基本相同，无须像赴英上市一样，配置额外的角色。

1.法律环境

为优化对资本市场的管理并提升市场效率，法国政府在2003年8月制定了《金融安全法》。根据该法，法国把证券暨期货管理委员会（COB）、金融管理局（CMF），以及金融自律咨询委员会（CDGF）合并为了统一的金融监理部门，即金融市场管理局（AMF）。金融市场管理局承担监管和执法双重职能，其具体职责涵盖法律制定、审核、监察、处罚4个方面。

（1）《商业法》

《商业法》为法国规范商业单位的基本法律。该法的第四章"股份公司"、第五章"股份公司发行的有价证券"与股票管理有关。其大致内容如下：对上市企业及公开发行股票的程序进行定义；对各类可转让证券（股票、债券、可转换凭证等）及相应的公开发行行为做

出定义及规范；对上市公司发布财务报告及其他文件的义务做出规
范；上市企业披露年报的义务；企业大股东向证券交易理事会的申报
义务；对制作、审核、申报财务报表的规定，签证会计师的任用和
职责。

（2）《金融安全法》

制定《金融安全法》的目标有3项：监管部门的现代化；对银
行、股票业务的改革；账户监督与企业信息公开制度的现代化。

《金融安全法》第一章就监管部门的现代化做出了规范，其中第
一节第1至第21条对金融市场管理局的职责进行了详细阐述；第二章
则围绕储户与被保险人的安全做出了规范；第三章则围绕账户透明
化、法律监督现代化做出了规范；第四章则就海外省的金融事务做出
了规定。

另外，《金融安全法》还增强了对保险业、医疗互助业、账户审
计员、政府特派员等对象的监管。

（3）《货币与金融法》

《货币与金融法》是法国金融监管体系的根本大法。该法系从银
行体系着眼，对包含货币政策、金融单位监理、金融产品在内的对象
进行了规范。《货币与金融法》还规定：货币与金融事务的主管机关
是法国中央银行，本法中关于设立企业、管理企业的事务，由经济部
负责具体监管。法国中央银行董事长兼任银行委员会主委，并与金融
监督管理局共同监督金融市场中的交易行为。

（4）《公开收购法》

为顺应欧盟的收购指令，法国于2006年3月31日通过了《公开要
约收购法》。该法对法国既有的公开收购制度进行了大篇幅的修改。

其中，对公开收购行为的监管范畴、强制公开收购的程序、信息披露机制、反要约收购防御举措这四个方面是新《公开要约收购法》的重点内容。

（5）《金融市场管理局规章》

2004年11月24日，金融市场管理局推出了《金融市场管理局规章》。该法首先对原有《期货管理委员会规章》《金融管理局规章》做出了修订，并将欧盟的相关指令纳入了新规章中。其次，为体现《经济现代化法》的精神，并及时反映市场参与者的真实需求，在制定新《金融市场管理局规章》的过程中，法国政府还公开向社会各界征求了立法意见。

2.政策环境

与英国类似，法国的金融市场也以财政部为最高管理机关。在财政部之下，又设有投资局、审查和咨询委员会两个部门。其中，审查和咨询委员会专门负责对银行等非证券金融机构的管理。法国金融市场管理局是法国证券市场的直接管理机构，巴黎泛欧交易所、衍生金融产品交易所是该机构实施监管的主要对象。

欧洲开放而兼容的政策环境，为英德法三国国内外的企业提供了多元化的上市机会，无论你是背景深厚的大型企业，还是刚刚步入发展正轨的创新型公司，都能在这个成熟的市场找到自己的一席之地，并接受最适合自己的融资服务。

3.市场选择

中国企业在欧洲上市，很多时候要以在欧洲的投资为前提。2014年到2018年，中国公司对欧洲的直接投资金额一般都保持在100亿美元左右。大趋势上，市场广阔、消费能力强的欧洲是中国企业的"必取之地"。但从微观角度看，欧洲各国的投资制度却千差万别，有优势就会有劣势，有自由就会有限制。中国企业在决策阶段一旦考虑不周，就难免在后续的经营中水土不服。因此，为了保证投资效果，避免走弯路，中国企业应当根据法国的投资环境确定最适合自己的投资意向。

　　法国的优势产业主要集中在食品、旅游业、时尚产业这3个行业中。中国企业对法国食品行业的投资，往往会采用在法国制作"半成品菜肴"，再将其运回中国做进一步加工的方式。而中国企业对法国旅游业的投资，则更多地聚焦于高端旅游市场。

　　法国奢侈品在全球的影响力首屈一指，诸如路易威登、香奈儿这样的顶级品牌自不必说，即便是法国档次稍微低一些的轻奢品牌，也具有全球影响力。因此，既能满足普通消费者高端消费需求、产品价格又不是特别昂贵的入门级奢侈品牌，就应当作为中国企业进军法国时尚产业的关注重点。

　　外国控股企业或个人在法国开展下列活动即被法国认定为直接投资：收购或创建商业资产、分支机构及私人企业；对自己控股的公司进行增资扩股；付费接受来自他人的法国公司股权；周期达6个月以上的商业资源租赁。

　　对于占上市企业全部股权20%以下、非上市企业33.33%以下的外商投资，法国政府不会将其视为直接投资。

　　原则上讲，法国政府允许外商在本国自由投资，但在现实中，法国政府却对一些行业实施了专门管理，继而限制了外商的投资。其专门管理的内容包括学历及职业经验审查、事前申报、许可证制度、商人证制度等。此外，法国在某些行业中对从业人员的国籍也有要求，要么是本国公民，要么就具有欧盟成员国国籍，要么就得来自和法国签订了双边协议的国家。

4.法国的市场分类

巴黎泛欧交易所可以被分为主板和创业板两大市场，这些市场可以为来自全球各地不同水平的投资者提供了多元的投资选择。

（1）巴黎泛欧交易所主板—Eurolist

2005年初，欧洲交易所的主板市场（Eurolist）正式运行。该板块由荷兰阿姆斯特丹、比利时布鲁塞尔、普特里斯本和法国巴黎4个分市场组成，并取代了上述四国十余个受监管的股票市场。巴黎泛欧交易所主板作为跨国企业进入欧盟的通道，涵盖了西欧大多数国家。

（2）巴黎泛欧交易所创业板—Alternext

巴黎泛欧交易所创业板（Alternext）是巴黎泛欧交易所专门为中小公司创建的上市及发展平台。该板块上线于2005年5月。巴黎泛欧交易所创业板（Alternext）以标准低、成本低、高度规范为主要特色。在巴黎泛欧交易所创业板上市有两种途径：上市并公开发售股票，或挂牌上市而不开展任何公开发售。理论上讲，所有国家、所有行业的公司，只要持续经营达3年，都有权利在巴黎泛欧交易所创业板（Alternext）申请上市。

5.2   赴法上市进行时

法国——纽约巴黎泛欧交易所创业板（Euronext GROWTH）的成立宗旨，便是为中小型公司提供专业的融资途径。法国——纽约巴黎泛欧交易所规定，想在创业板上市的企业必须事先选定一名上市保荐人，后者将在申请上市的过程中，为相关企业提供帮助。2017年6月19日，法国——纽约巴黎泛欧交易所将所辖创业板的名称，从NYSE Alternext变更为Euronext GROWTH。

1.法国股票市场的商业细则

法国——纽约巴黎泛欧交易所创业板市场的交易产品以证券为主，其市场规模走势如表5-1所示。

表5-1   法国——纽约巴黎泛欧交易所创业板的市场规模走势

企业数量								
	2008	2009	2010	2011	2012	2013	2014	2015	2016
合计	128	125	155	180	180	184	191	200	197
本国企业	116	115	144	169	168	173	182	190	187
外国企业	12	10	11	11	12	11	9	10	10
市场规模（百万欧元）								
	2008	2009	2010	2011	2012	2013	2014	2015	2016
	3247	4180	5020	5518	6184	8325	8506	13458	13054

2.法国市场的上市申请

中国企业在法国交易所申请上市，需要根据目标市场的上市标准，将由英文或目标国语言撰写的招股说明书提交给目标国家的主管部门，并会同其他金融中介机构在市场中开展协调活动。

在法国，企业的上市申请材料需向巴黎泛欧交易所投递，而融资事务的最高决策机构为法国金融市场管理局（AMF）。假如巴黎泛欧证券交易所判定准上市企业无法对其资产进行有效控制，那么该机构将直接驳回相关准上市企业的上市申请。

法国证券市场的上市标准如表5-2所示。

表5-2　法国证券市场的上市标准

	A级市场	B级市场	C级市场
公司规模	市值＞10亿欧元	1.5亿欧元＜市值＜10亿欧元	市值＜1.5亿欧元
设立年限	无要求		
财报递交	相关企业应递交由会计师核准的、最近2年的财务报告。如果上一个财务年度结束于核准上市的9个月前，则相关企业还应递交由会计师核准的、最近半年的财务报告		
最低资本结构	无要求		
最低流通股份	上市前，相关企业至少要有25%的新发行股份由大众持有		

除上图中显示的财报外，准上市企业还需向巴黎泛欧交易所提交下列文件：符合巴黎泛欧交易所申报要求的申请书；经相关主管部门核准的公开说明书初稿；经律师或审计师核准的企业章程；股东大会决议内容；准上市企业的营业执照；由中介机构开具的中介机构责任说明书，或中介机构和准上市企业之间缔结的上市辅导协议。

3.法国的上市审查制度

对于首次公开募股的申请，巴黎泛欧交易所会在接到相关申请材料后,在90日内做出判定。而对于其他类型的上市申请,巴黎泛欧交易所则会在接到相关申请材料后,在30日内做出判定。在这期间,巴黎泛欧交易所会用3周左右的时间对准上市公司的单独财务报告、合并财务报告及公开说明书初稿等材料进行审验。

对于准上市公司递交的材料,巴黎证交所的董事会通常会在每月的月底决召开一次专门的审核会议。同时,巴黎泛欧交易所会还会在董事会决议前5个工作日,将其内容通报给法国金融市场管理局,后者会综合考量各方面因素决定是否核准相关申请。一旦法国金融市场管理局批准了相关的申请材料,巴黎泛欧交易所就会向准上市企业开具核准通告。

在实际操作层面,巴黎证交所和法国金融市场管理局会对申请上市企业的招股章程或申请企业与上市推荐机构共同签署的发行公告进行重点审查。此外,法国金融市场管理局在审查过程中还特别规定:申请上市企业必须向法国金融市场管理局递交一份书面承诺书,并在该承诺书中承诺本公司的所有申请材料均是真实的,且在尽职调查中做到了充分的配合。

4.法国的治理体系

法国对上市企业治理体系的要求和德国基本一致。总的来说,一家合格的上市企业必须就欧洲资本市场的要求,对内部的人员及流程进行有针对性的改革。无论是外部的投资者、媒体关系维护,还是内部的财务审计,一旦发现相关部门的工作有纰漏或不足,上市企业就应当立即予以完善。

5.巴黎泛欧交易所的上市费用

准上市企业在法国巴黎泛欧交易所挂牌上市需缴纳的费用主要包括初次挂牌费、年费、中介费等。另外,当上市企业需要进行增资扩股时，也需要缴纳相关的附加费用。上市公司应在获得挂牌许可时缴纳初次挂牌费用，其中就包含有巴黎泛欧交易所审核申请材料时的处理费用（Handling fee）。对于年费，巴黎泛欧交易所会根据不同的证券发行类别和资本总额，制定不同的收费标准。

巴黎泛欧交易所的上市费用计算标准如表5-3所示。

表5-3　巴黎泛欧交易所的上市费用计算标准

筹集资金规模（万欧元）	费率
＜800	0.5%
800—1550	0.4%
1550—3100	0.3%
3100—7700	0.2%
＞7700（最低25000欧元）	0.1%

5.3　法国证券交易所交易流程

法国证券市场的环境时刻处于变化之中，交易行为的盈亏往往可以瞬间反转。作为证券市场的主要参与者，上市企业既要在交易中把握机遇，将自身股票市值做上去，维护大小股东的利益，也要审时度势，通过交易规避潜在的风险。而想做到这些，上市企业就一定要对法国证券交易所的交易流程有所了解。

1.法国巴黎泛欧交易所基本框架

巴黎泛欧交易所的主要市场参与者大多表现为四类形态：第一类是经纪兼自营结算会员，可从事自身交易及代客交易，同时负责相关的结算作业；第二类是单纯的经纪兼自营会员，仅从事自身交易及代客交易，不负责相关的结算作业；第三类为全业务会员，不仅可以从事自身交易及代客交易，而且还可以和其他会员单位从事交易，同时负责有关的一切结算作业；第四类是结算会员，不负责交易，仅处理结算业务。

巴黎泛欧交易所将在首要市场、二级市场以及创业板上市的股票，按照流动性的高低划分到两个不同群组中。流动性强的证券进入逐笔交易报价群组（continuous trading group），由做市商（market maker）主导交易行为。流动性较弱的股票进入集合竞价报价群组（auction trading group），由各交易方共同确定交易价格。自由市场的股票也属于集合竞价报价群组。

在交易时间方面，巴黎泛欧交易所分为两种，第一种是逐笔交易，7:15到9:00为开市前（pre-opening），9:00准时开盘，9:00到17:25为盘中时间，17:25到17:30叫收盘前（pre-closing），每个交易日的17:30收盘。第二种是集合竞价交易，首要市场和二级市场的集合竞价时间为早盘11:30、午盘16:30。自由市场的集合竞价时间为15:00。

（3）股价波动单位

原股价在10欧元以下为0.001欧元；原股价在10（含）到50欧元为0.005欧元；原股价在50（含）到100欧元为0.01欧元；原股价在100欧元（含）以上为0.05欧元。

（4）相关费用

从1989年7月1日起，巴黎泛欧交易所的手续费收取标准由券商和客户自行讨论决定。

2.法国巴黎泛欧交易所常态化交易细节

巴黎泛欧交易所在开盘、盘中特定时间和收盘时间进行集合竞价，在盘中一般时间则采用逐笔交易模式。该交易所对涨跌幅度的规定主要分为以下两类。

（1）静态涨跌幅度

开盘前，交易所会将上一个交易日的收盘价或最终揭示价（indicative price）当作参考价，涨跌幅幅度为参考价上下各10%；开盘后，开盘价就是参考价，涨跌幅幅度为参考价上下各10%。当个股的价格变化触及参考价上下各10%的极限时，交易所将暂停该股的交易，暂停时间为2分钟；个股只要被暂停交易，那么新的参考价将

是原市场价的上限或原市场价的下限。在盘中逐笔交易时期，个股的
最高静态涨停区间为21%、静态跌停区间为19%（也就是连续2次达到
集合竞价涨跌幅的静态极限）。一旦达到上述极限，交易所将会暂停
相关个股的交易，暂停交易时间最长可延长到交易日结束。

（2）动态涨跌幅度

以个股的最终成交价为基数，个股因其类型不同会有3%—10%的
波动；只要委托价格超过3%—10%的波动区间，交易系统首先会拒绝
相关委托，并向投资者发送告知信息。投资者如果在30秒内重新确认
告知信息，并再次传送相关委托，交易系统才会对相关委托进行
撮合。

3.法国巴黎泛欧交易所特殊交易的运行规则

（1）巨额交易

在盘中和盘后，投资者都可以进行巨额交易。所谓巨额交易，指
该笔交易大于或等于下列金额：

对于Euronext100成分股，交易金额大于或等于500,000欧元为巨
额交易。对于Next150成分股：交易金额大于或等于250,000欧元为巨
额交易。对于其他不属于Euronext100和Next150的成分股，且交易方
式为逐笔交易，交易金额大于或等于100,000欧元为巨额交易。对于参
与集合竞价交易的股票，交易金额大于或等于50,000欧元为巨额
交易。

巴黎泛欧交易所每年最少会审定1次上述交易金额。同时，巴黎
泛欧交易所还会根据上述交易门槛，定期核算Euronext100和Next150
两类指数成分股的正常巨额交易规模（normal block size，NBS），
并公开相关数据。

（2）个股股价达到极限时的操作

不管个股的股价是触及了静态的最大涨跌幅度，还是触及了动态的最大涨跌幅度，巴黎泛欧交易所（Euronext Paris）都会通过交易平台自动中断相关撮合交易。

考虑到委托单可能因误操作而被系统强行中断，巴黎泛欧交易所的工作人员会在交易平台中断某证券买卖时，第一时间给券商打电话，以核实是否存在误操作情况。

假如误操作情况确实存在，巴黎泛欧交易所的工作人员会立即恢复相关个股的撮合；假如并不存在误操作的情况，巴黎泛欧交易所的工作人员则会等到中断有效期结束后，再恢复相关个股的撮合。

在个股因达到极限而被暂停交易期间，投资者依旧能下单，只是交易平台并不会立即开展撮合；当交易恢复时，投资者之前设立的委托单将以集合竞价的形式，重新开始交易。

4.法国巴黎泛欧交易所信用交易的不同实施路径

巴黎泛欧交易所的信用交易准则如下。

（1）开展有价证券融资融券业务的相关法律

法国股票交易法第6章2-1以及第31章信用交易—融资融券契约（该协议的制定依据为法国于1987年出台的股票抵押办法和消费借款办法）。

（2）授信机构开展融资融券业务的资格

经法国财政部审核合格而设立的券商、银行及其他金融中介机构才具有开展融资融券业务的资格。这类机构包括：商业银行、全牌照券商、具有融资融券资质的专业股票代理商、股票交易代理行、股票财务中介管理企业。此外，授信机构还必须具备票据交换所的会员资格。

（3）可以进行融资融券业务的股票类型

只有在巴黎泛欧交易所上市或上柜的股票，才可以进行融资融券业务。相关证券发行者应为公开上市的企业。而上柜企业可以以每股的盈余抵税。

（4）委托保证金的比例及其法律依据

委托保证金的比例由各信用机构根据客户的信用情况自行划定，其法律依据是1995年5月巴黎补偿清算委员会（Matif SA）根据统计处理及分析系统（SPAN）出台的相关规定。

（5）市场管制举措

法国证券专业协会协议AFTI contract（Association Francaise des Professionnels des Titres）为法国投资者开展信用交易的主要合同模板，内容包括两大方面：第一，当相关股票走完借券流程后，原股票所有人就应将相关股票的自由处置权移交给借方（borrower）。相应地，借方应向原股票所有人支付一定的现金或证券，从而确保原股票所有人的利益。第二，对于参与融资融券交易的股票，其借贷周期最长为一年。若在此期间，相关股票需要发放股利或借方需要缴纳一定的赋税，则原定的融券有效期立即终止。

为了防止本国金融市场遭受国际金融危机的冲击、维持市场的透明度、稳定市场监管效果，并遏制股市出现的异常波动。法国金融市场管理局（The Autorite des marches financiers，AMF）对做空交易进行了四大限制。首先，禁止金融类股票无券放空（naked short selling）行为；这里需要解释一下，所谓无券放空，即对还未借入的证券进行做空。其次，为了保证市场的流动性，造市商可以不受无券放空禁令的限制。再次，当投资者的做空仓位（net short positions）达到相关股票发行总数的0.25%时，投资者应向交易所告知相应的空头操作，相关交易所也必须公开揭露此类信息。最后，开展担保放空（covered short selling）交易的投资者，必须向监管部门申报自己所借股票的数量和价格。

（6）授信机构开展融资融券业务的标的物来源为银行或授信机构自有资金。

（7）授信机构维持债权的方式

抵押物的价值，应根据市场的波动实时调整。借贷双方可根据抵押物的变化追加融资融券数额；借贷双方可以在由法国证券专业协会AFTI监督的所有市场中进行操作；当借券借款人的保证金达不到原订合同中的标准时，授信机构可立即处理其抵押物。

5.法国有价证券借贷制度

法国的证券制度非常开放，一方面是因为法国在欧盟体系内，另一方面则是因为法国的清算平台和欧洲大陆的主要清算平台相互融合。

巴黎泛欧交易所中开展的一切借贷活动，均以1997年出台的《法国证券专业协会契约》（*Association Francaise des Professionnels des Titres，AFTI*）为合同蓝本。而该契约的核心内容为三大方面：首先是所有权变化方面，规定只要借贷完成，证券所有权即会从出借者身上转移到借券人身上。在借贷有效期内，借券人可自由处置所借股票。对应地，借券人必须向出借者提供一定的抵押品，以确保其能按约换券。其次是在洗价方面规定了担保物的价格会每天随行就市波动。最后则是规定了一个借贷周期不得超过一年。

巴黎泛欧交易所的证券借贷服务由欧洲清算系统（Euroclear）直接提供。而欧洲清算系统（Euroclear）所提供的股票借贷服务，与该平台上的另一项业务——隔夜交割程序是无缝连接的。总的来说，除受到流动性、政策或法律专门限制的股票外，欧洲清算系统经手的任何股票都可以作为借贷标的。此外，欧洲清算系统还对所有出借机构承诺：若借券人违约，欧洲清算系统有权收回标的证券（或与标的证券市值相同的现金）和出借费。

巴黎泛欧交易所的证券借贷业务的触发条件为：借券人账户中的股票不足以进行交割，而出借方的账户中却有充足的标的证券。

如果在下一个隔夜交割流程中，借券人账户中具有标的股票，欧洲清算系统会自动进行还券操作。在标准化的股票借贷中，所有出借人手中的待出借股票都会被聚拢（pool）起来，并按标准程序在借贷双方之间开展流转。

因为证券借贷业务不是由借贷双方直接开展的，而是通过欧洲清算系统这个中间人间接开展的，且欧洲清算系统在交易中完全中立，所以借贷双方的隐私都能获得充足的保障。

5.4　结算与交割

结算和交割是所有从事证券交易的企业都十分重视的环节，所以，为了保证交割的安全，法国交易所也建立了专门的结算机构。

1.法国的结算交割机构

法国的结算交割机构是伦敦清算所法国分公司（LCH Clearnet SA）。该公司和伦敦结算所有限公司一样，都隶属于巴黎泛欧交易所。伦敦结算所有限公司和伦敦清算所法国分公司在监管层面互相独立，而在日常运作上则会受到巴黎泛欧交易所的统一管理。

（1）成立法源

1996年，法国对现代化财务服务法（the Financial Services Modernization Act）进行了修订，修订案首先赋予了专业结算机构独立的法律地位。其次，该修订案还在微观上规定：法国金融市场委员会（CMF）将结算权授予伦敦清算所法国分公司；伦敦清算所法国分公司以银行模式运行，并接受法国中央银行的监管。

现在，伦敦清算所法国分公司的日常经营主要遵循法国货币金融规范（French Monetary and Financial Code）。同时，作为结算会员群体的集中交易对手，伦敦清算所法国分公司还会参考欧洲中央银行系统（ESCB）和欧洲证券管理委员会（CESR）的建议，为各类市场主体提供服务。

伦敦清算所法国分公司的服务项目及市场范围如图5-1所示。

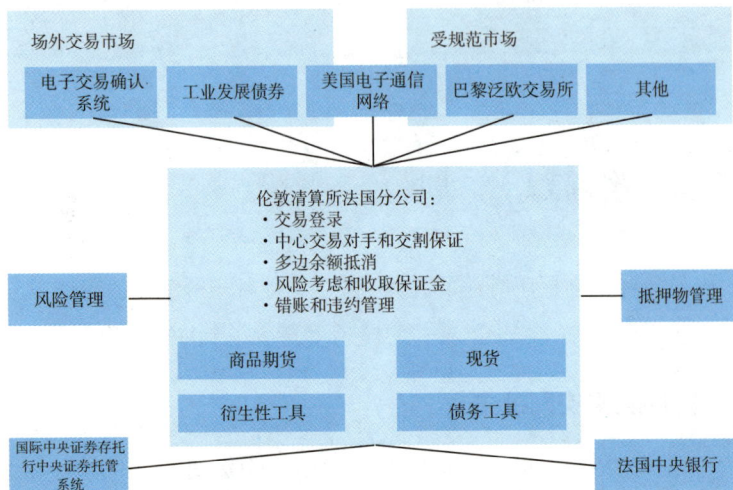

图5-1　伦敦清算所法国分公司的服务项目及市场范围

（2）结算标的

伦敦清算所法国分公司采用的结算平台为清算21系统（Clearing 21）。该系统可同时支持巴黎泛欧交易所（Euronext）、欧洲金融衍生品交易所以及场外交易市场中的结算行为。而具体到可结算标的物，清算21系统几乎做到了全覆盖，包括：证券、债券、认购权证和可转换债券、个股和指数的衍生性商品、利率衍生性产品、商品期货。

2.法国金融市场的结算参与者

法国金融市场的结算会员大致可分为现货市场结算会员和金融衍生品市场结算会员两类。其中，金融衍生品市场结算会员的经营风险较大。所有结算会员都应具备并保持代替投资者支付资金或支付股票的能力，以及用现金或股票提供担保的能力。

从微观角度看，现货市场结算会员和金融衍生品市场结算会员各自又可被分为两种类型。

（1）个别结算会员

个别结算会员只有对自营业务进行结算的权利。这类结算会员的身份可以是交易会员（trading member），也可以是参与政府债券交易的投资者。

（2）一般结算会员

一般结算会员既可以对自营业务进行结算，也可以对其他交易会员的交易行为开展结算。由于一般结算会员的业务范围可以扩展到投资者、经纪商、自营商等市场主体上。故这类机构一旦发生违约，就有可能造成系统性的、大面积的金融风险。

从法律上讲，法国金融市场的结算会员应是被伦敦清算所（LCH）集团承认、授权、并遵守伦敦清算所集团结算规程（Clearing Rule）的法人。而在现实中，一家金融机构想成为伦敦清算所法国分公司（LCH Clearnet SA）的结算会员，首先要达到下列基本条件：对于信用机构和投资机构，应在欧洲地区设有总部；对于企业法人，应将总部设在巴黎或法国海外属地，并且其主要业务是金融产品的结算，同时，企业法人的经营情况还应获得法国金融市场管理局确认。

除上述基本条件外，法国金融市场的结算会员还应当具备一定的资金实力。对于不同类型的结算会员，法国制定了不同的净资本额标准，如表5-4所示。

表5-4　法国金融市场不同结算会员的净资本额标准

市场	个别结算会员ICM	一般结算会员GCM
巴黎泛欧交易所	· 资本额最低1000万欧元或500万欧元 · 银行担保信用状（letter of credit）	· 资本额最低2500万欧元或1500万欧元加信用状，即可为9名交易会员结算 · 资本额最低3000万欧元，可为10到14名交易会员结算 · 资本额最低3375万欧元，可为15到19位交易会员结算 · 资本额最低3750万欧元，可为20（含）名以上交易会员结算
巨额债券市场（LCH.Clearnet designated gateways）	· 资本额1亿欧元 · 信用评等BBB级	· 资本额4亿欧元 · 信用评等BBB级
商品契约（commoditiescontracts）	30亿欧元	

　　按照伦敦清算所法国分公司的要求，各结算会员应在自身内部构建风险控制模型和应急预案。另外，结算会员须在每年年末向伦敦清算所法国分公司提交年度财务报表，并在每个财年定期或不定期地向伦敦清算所法国分公司提交资产负债表、资产损益表、市场风险控制表。

3.巴黎泛欧交易所结算交割全过程详解

　　巴黎泛欧交易所并不强调中央结算对手方和非中央结算对手方的区别，而是更看重交割的频率。

　　在成交日当天，券商及其客户会在专业的"经纪人——银行间交易系统（SBI）"进行交易。在成交日次日（T+1），伦敦清算所法国分公司会对交易双方的资料进行配对。巴黎泛欧交易所的交割作业分为批次交割和实时交割两种模式。这两种模式几乎在同一时间进行，但在操作上却相互独立、互不干涉。

（1）批次交割程序（Batch Processes）

自成交日之后的第2天（T+2）20点起，伦敦清算所法国分公司就会开始在巴黎泛欧交易所证券结算系统结算区（Euroclear Settlement of Euronext-zone Securities，简称ESES）进行批次交割作业，并持续到成交日之后的第3天（T+3）。一场批次交割作业的截止时间为成交日之后的第3天（T+3）的14:00。在一场批次交割作业中，伦敦清算所法国分公司总共会进行5个批次的交割，其具体交割方法为券款对付（DVP）。

（2）实时交割程序（Real-time process）

自成交日之后的第2天（T+2）20:00起，伦敦清算所法国分公司就会开始在巴黎泛欧交易所证券结算系统结算区，进行实时交割作业，并持续到成交日之后的第3天（T+3）6:00。

在一场实时交割作业中，T+2日20:00—20:30期间、20:30—22:30期间，以及T+3日3:00—5:00期间，实时交割会被暂停。在实时交割作业被暂停期间，第二代泛欧实时全额自动清算系统（TARGET2）会向巴黎泛欧交易所证券结算系统结算区（ESES），发送流动性转移通告。而后者将在T+2日22:30—T+3日15:30之间，或T+3日17:00之后，处理通告中的流动性转移事项。

从上述介绍中我们不难发现，巴黎泛欧交易所的交割作业流程各环节之间的衔接十分紧密。而如此环环相扣的交割程序，再配合上担保品管理服务系统（Collateral Management Services，CMS），共同确保了巴黎泛欧交易所交割作业极低的失败率。而正是因为巴黎泛欧交易所在交割机制上已经做到了"严丝合缝"，所以该市场无须再设立专门的中央借券系统（Centralised Securities Lending Arrangements）来应对交割缺券的情况。

（3）担保品保管作业

除了交割业务，巴黎泛欧交易所证券结算系统结算区（ESES）还具有独立的担保品管理功能，而该平台上的保管业务是由各类集中保管机构（CSDs）负责具体实施的。担保品会按照一定的标准被纳入某个范畴中，即"一篮子"（basket）。保管机构本身并不是担保品的所有者，而是按照各类市场参与者的要求处理担保品的执行者。

具体来说，担保品管理业务包括每日洗价（valuation through daily marktomarket）、自动拣选担保品（automatic screening and selection of collateral）、保证金的追加与替代（margin calls and substitutions）等事项。

而市场参与者就担保品保管向各类集中保管机构提出要求主要有两类：一是在最短的时间内完成担保品提供者和担保品收受者的账户交割；二是对担保品提供者和担保品收受者各自的担保物处理情况做专门的记录。

4.巴黎泛欧交易所的特别事项

法国市场关于证券交易的特别事项和英国一样，也聚焦在了风险控制上。其中，"违约处理程序"和"违约保证基金"是巴黎泛欧交易所安全防卫体系的两个关键节点。

（1）违约处理程序

当一名结算会员没有按期履行交割资金或股票，或没有按期缴纳期初保证金（Initial Margin）、变动保证金（Variation Margin）或违约保证基金（Default Fund）的中的应缴部分时，该结算会员即会被伦敦清算所法国分公司认定为违约。

此时，伦敦清算所法国分公司会采取以下行动，降低相关违约所产生的不良影响：通知交易所暂停违约会员的交易行为；终止违约会员的资质；在违约会员的配合或在第三方机构的协助下，处理因违约而造成的危害，且相关处理费用由违约会员承担；提高违约会员的保证金标准或担保品标准，以确保该违约会员在之后的交易中完成交割；卖出违约会员的担保物，或请求法国中央银行履行担保义务，从而保证相关违约会员能继续顺利履行其交割责任；代替违约会员进行交割；予以违约会员以迟延交割的处罚。

（2）违约保证基金（Default Fund）

违约保证基金总额的计算基准为：伦敦清算所法国分公司旗下结算规模最大的结算会员，在面对市场极端波动时可能发生的最大违约金额。该最大违约金额不包括期初保证金和当日保证金。

当违约保证基金总额被确立下来之后，伦敦清算所法国分公司的各结算会员应按照自己未覆盖风险占市场总风险的比例，承担缴纳违约保证基金的责任。这里的"未覆盖风险"是指结算会员在每个裁定日前60天之内的未覆盖风险。伦敦清算所法国分公司会选择每个月的某一天作为固定裁定日。

当违约保证基金因某一结算会员的违约行为，而被伦敦清算所法国分公司启用时，相关结算会员就做好填补违约保证基金的准备。一旦伦敦清算所法国分公司向相关结算会员下达了回补通知，相关结算会员就应立即补齐自己在违约保证基金中的应缴份额。

5.5 法国的集中保管

法国金融市场的集中保管机构与英国的集中保管机构同属欧洲清算所，但两者的运营却是相对独立的。所以，我国企业想要赴法上市，还需要对法国的集中保管有所了解才行。

1.法国的集中保管机构

欧洲清算所法国集中保管公司（Euroclear France）是法国股票市场的主要集中保管机构，其证券保管业务涵盖了在巴黎泛欧交易所上市的所有股票。与欧洲清算所英国和爱尔兰分部一样，欧洲清算所法国集中保管公司也并未公布过独立的资本额数据。

（1）股东

目前，欧洲清算所公开股份有限公司持有欧洲清算所法国集中保管公司99.9%股权，其余的0.1%股权则由8位个人股东所持有。

（2）法律依据

欧洲清算所法国集中保管公司开展各项业务的法律依据包括：Finance Law 81-1160 of 31 December 1981、Law 87-416 of 17 June 1987、Decree 83-363 of 2 May 1983、Decree of 23 May 1984、Decree of 20 October 1994。

1996年，法国政府颁布了《金融服务现代法案》（*Financial Modernisation* Act 96-416）。根据该法案的规定，欧洲清算所法国集中保管公司的保管流程，必须达到法国金融市场管理局（AMF）的监管标准。除此之外，欧洲清算所法国集中保管公司还需接受来自法国财政部和欧洲清算银行的监督。

（3）业务项目

欧洲清算所法国集中保管公司的业务项目如表5-5所示。

表5-5　欧洲清算所法国集中保管公司的业务项目

类型	细项
保管	股票保管作业
	计算机账簿划拨
交割	附条件买回
	股票款券交割
市场服务	股票数据库
	将股东异动通知给发行人
	配发股利、配息
	开展无记名股票、参与股东确认流程
	集中处理登录、转账等事项
	交易所交易基金（Exchange Trade Fund，ETF）服务
实时总额交割系统RGV	附属担保品
	在线对账（matching）
	从2000年6月起，参与处理共同基金
	与法国银行（TBF）的实时总额交割系统对接，开展不可取消的交割事项
	自动借贷
	2000年5月起，通过环球银行电信协会（SWIFT）网络与和法国集中保管公司（SICOVAMSA）的不可取消交割系统进行连线
其他	为法国投票编辑代码

（4）参与者

据统计，目前在法国金融市场中有权开展或参与保管业务的市场主体有705个，主要包括以下3类市场主体。

结算会员。机构或个人想要获得会员资格，应先通过计算机连线测评。

股票发行方。此类机构可以在欧洲清算所法国集中保管公司开设一个仅具备登录注册证券（Registered securities）功能的账户。

来自外国的结算机构或保管机构。欧洲清算所法国集中保管公司和与其有业务往来的所有外国结算机构或保管机构都签署了特别约定。按照特别约定，双方互为对方市场的参与者。当然，外国的结算机构或保管机构在和欧洲清算所法国集中保管公司开展业务合作前，应在欧洲境内注册分支机构。

2.法国金融市场的保管作业

法国金融市场的保管作业包括以下5个方面。

（1）保管标的和发行方式

法国金融市场中的绝大多数股票均采用无实体发行机制，且会被强制集中保管。集中保管标的包含证券、法国及欧洲基金、国库券、一般本票、定期存单、中期票据、政府债以及公司债等。截至2017年初，欧洲清算所法国集中保管公司所保管的金融产品总市值已超过6.3兆欧元，较2016年初增长了3.28%。

法国金融市场的股票发行方式共有无记名式证券（Bearer securities）和登录式证券（Registered securities）两类。

无记名式证券。即相关证券没有指定的物权归属方，什么人持有这类股票，什么人就是这类股票的股东。法国金融市场中的大部分股票均属于无记名股票。1984年，法国开始全面实行了无实体证券发行。至此，原来持有无记名证券的投资者纷纷将手中的股票进一步转化为虚拟形式。

登录式证券。上市企业若直接采取登录模式发行股票，则相关股票会被称为"强制登录股票"。如果股东将自己持有的无记名式证券转化为登录式证券，则相关证券会被称为"临时登录股票"。

（2）保管方式

无实体发行的账簿划拨流程。

（3）送存和领回作业

因采用无实体发行机制，故不存在送存、领回事项。

（4）对有瑕疵和伪造股票的处理

因采用无实体发行机制，故不存在对瑕疵和伪造股票的处理事项。

（5）金库管理

因采用无实体发行机制，故欧洲清算所法国集中保管公司的金库不会保管在本国上市的股票，而是只保留少数在外国发行的实体股票。

3.法国金融市场的账簿划拨作业

法国金融市场的账簿划拨作业包括以下5个方面。

（1）制度架构

欧洲清算所法国集中保管公司采用两段式制度架构如图5-2所示。

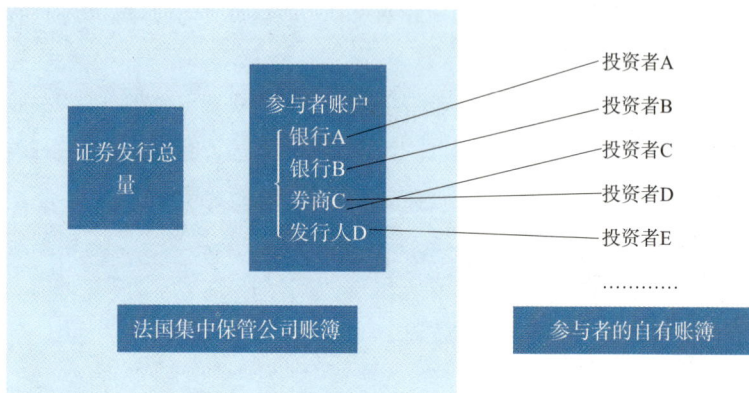

图5-2　欧洲清算所法国集中保管公司采用的两段式制度架构

法国集中保管公司账簿。法国集中保管公司不仅要负责对证券发行量和投资者仓位进行校对，而且还要负责对旗下会员的业务进行稽核。法国集中保管公司账簿和证券发行类别之间的关系如表5-6所示。

表5-6　法国集中保管公司账簿和证券发行类别之间的关系

发行方式	法国集中保管公司账户的持有人（account keeper）	说明
登录式证券（包含"临时登录股票"）	发行方（或其股务代理机构）	股东无须缴纳送存费用。但在卖出股票时，股东还需委托经纪商，通过发行人的账簿转出所售股票，该形式被称为纯注册表格（pure registered form）
	经金融管理局审查合格的中介机构	经金融管理局审查合格的任何中介机构，都可以处理委托人的交易事务。该操作以股东户号的方式记载在发行人的股东名册中，该形式被称为管理登记表格（administered registered form）
无记名式证券	经金融管理局审查合格的中介机构	

参与者账簿。参与者的账簿内容应以股票的总发行量和重要客户的持仓情况为基础。而参与者的账簿形式则应遵循法国财政部对法国集中保管公司所列出的各类原则。

（2）对账作业

在交易资料进入法国集中保管公司平台之前，相关的交易均会通过特定的子系统进行两两配对或调整。法国集中保管公司设计的特定子系统共有3个。

经纪人之间的子系统（Settlement）。首先，各经纪人要通过伦敦清算所冲抵彼此之间在巴黎泛欧证券交易所的仓位。随后，各经纪人应在夜间，通过巴黎泛欧交易所证券结算系统（ESES）开展批次交割。

经纪人和银行之间的子系统（SBI）。此类交易无须通过伦敦清算所进行冲抵，而是需要法国集中保管公司直接出面调整经纪人和银行在巴黎泛欧证券交易所的交易行为。比对合适之后，相关的交易资料将被传递到巴黎泛欧交易所证券结算系统中。

交易双方之间的子系统（SLAB）。当交易双方的交易行为发生在位于巴黎泛欧证券交易所之外的柜台市场中时，相关的交易资料就会被送至交易双方之间的子系统（SLAB）中。比对合适之后，相应的柜台交易资料将被传递到巴黎泛欧交易所证券结算系统中。

（3）冲抵方式

法国金融市场采用多边冲抵模式，而具体的冲抵事务由伦敦清算所法国分公司负责开展。据统计，伦敦清算所法国分公司可以为交易参与者提供高达95%的冲抵比率（netting ratio）。

（4）交割时点

巴黎泛欧证券交易所采用T+2循环交割制。而柜台市场的交割时点规定较为宽松，交易双方可以在T（成交日当天）到T+100（即成交日之后的100日内）选择具体的交割日期。

（5）款券交付方法

无论交易是否在巴黎泛欧交易所内进行，其款券交付均会遵循下列途径：

目标股票（券项）通过法国集中保管公司的巴黎泛欧交易所证券结算系统进行流转。目标资金（款项）则通过法国央行的第二代泛欧实时全额自动清算系统（TARGET 2）进行流转。

在新的交割日里，巴黎泛欧交易所证券结算系统会对在上一个交割日中因失误而未完成交割的仓位，进行交割。

4.法国的服务作业

由于法国证券市场的保管机构与欧洲清算所高度绑定，故其在股务作业方面也与欧洲清算所英国和爱尔兰分部有一定的相似之处。

欧洲清算所法国集中保管公司并不具备法人的身份，而其在股务作业中能为市场参与者提供的具体服务，包括下列4类。

（1）将上市企业的股务事项提前通知给市场参与者

（2）代表市场参与者处理股务事务，如增资、摊销（amortization）、股息分发、股票合并（assimilations）、股票交换等

就债息发放和股利发放这两项工作来说，欧洲清算所法国集中保管公司首先会代替上市公司，计算各参与者应接受的债息或股利份

额。随后，欧洲清算所法国集中保管公司会向法国央行提供分配明细信息和汇款指示。最后，付款代理机构（Paying agent）会根据法国央行的指令，将债息或股利划转到各市场参与者名下。

（3）向上市企业提供证券持有人名录

以登录形式发行的证券。 欧洲清算所法国集中保管公司会通过自动化的作业程序，对从金融中介部门取得的证券持有人异动信息，和系统证券交易记录进行对比。若二者数据一致，欧洲清算所法国集中保管公司就会将股票发生异动的证券持有者名单，通知给上市公司。

以无记名方式发行的证券。 上市公司若事先在其企业章程中注明了选择"临时登录股份"的股东，就可以直接通过法国集中保管公司提供的第三方中介服务（TPI），从法国集中保管公司那里获取股东名册（包含姓名、地址、股份比例等信息）。在此期间，上市公司应向法国集中保管公司支付一定的费用，而法国集中保管公司则会对相关信息的来源（保管机构）保密。

（4）通知股东权利的行使途径

对于登录式股东，上市企业会直接通知其行使股东权利。法国集中保管公司代替外国投资者参加股东大会。股东大会允许的投票方式有亲自投票、代理投票、邮寄投票、电子投票4类。其中，股东的电子投票行为应统一在法国集中保管公司于2011年发布的电子投票网站（Votaccess）上进行。

5.6 法国的监管体系

　　和英国分工明确的金融监管体制不同，法国金融监管系统的组织架构较为单一。法国金融市场的主要监管机构是金融市场管理局（AMF）。作为一家具有独立法人资格且预算完全自主的公共职能部门，金融市场管理局主要由以下4个层次构成：董事会，共有16名成员，每届任期5年。在大多数情况下，董事会的议题会按照少数服从多数的原则进行表决。而当董事会的意见出现"势均力敌"的情况时，董事会主席应直接做出最终裁定；执法委员会（Enforcement Commission），该委员会由12名委员组成；专业委员会和咨询委员会。

　　金融市场管理局的主席由法国总统直接任命。而其余各委员会的成员则来自法院、法国审计署、中央银行、国民大会、参议院、法国经济和社会咨询委员会、金融企业等多个机构。

　　金融市场管理局的主要职责可大致划分为法规制定、核准、监管、执法四项。对于上市公司，金融市场管理局不仅会在其递交上市申请材料时对其进行全方位的监管，而且还会在企业上市后，对上市公司是否及时、如实地披露其经营状况、财务数据进行重点检查。除此之外，当上市公司要进行增资扩股、收购兼并等资本运作事项时，金融市场管理局更会对其进行全程监督。

　　除金融市场管理局外，巴黎泛欧交易所也是法国证券市场的监管者。该机构会从上市企业的财务报表、非财务经营报表、股东交易报告、新闻媒体、分析师报告、券商信息这6种载体中，获取与上市公司有关的信息。在开展监管作业的过程中，巴黎泛欧交易所的监管人员一旦发现某只股票的成交量、股价等指标发生异动，就会第一时间查询相关上市公司的市场信息。监管人员有时还会直接进入路透社（Reuters）的新闻数据库中查找此类信息。随后，监管人员会对从市场上汇总的信息同个股的异动情况做比较，并综合考虑交易所反馈的价量变化、集中度等数据，做出最终的判断。

1.法国的在线监管

法国监管部门的在线监管是由交易所主导的，当巴黎泛欧交易所的网络监管系统检测到某一只股票的异常变化时，相关监管人员会立即通过交易所自有的线上信息系统，以及英国路透社等世界主要通讯社的数据库，搜集该股票对应上市公司的近期新闻。随后，交易所监管人员会将相关上市企业的动态与其有价证券的走势做比较，并会就市场参与者的交易价格集中进行重点分析。

经过对事态的研判，若巴黎泛欧交易所的监管人员认定相关上市公司近期会出现重大事项，就会主动通过电话连接系统向相关上市公司核实情况，继而将询问结果告知投资者。而相关上市公司对于交易所提出的问题，也负有快速回复的义务。

就巴黎泛欧交易所自身的在线交易系统而言，其稳定市场的措施有3种：个别股票交易熔断（存在涨跌幅限制）机制、专业会员自我调整机制以及交易所全面暂停交易机制。其中，交易所全面暂停交易机制只有在交易所出现系统性风险的情况下，才会启动。

若巴黎泛欧交易所通过在线监管，认定某个投资者存在违规行为，就会提请金融市场管理局对相关责任人进行处罚。当相关责任人

的违规情节较轻时，金融市场管理局会对其进行警告或训诫。当相关
责任人的违规情节较重时，金融市场管理局也会对其实施较重的处
罚。一般来说，金融机构会被处以最高达1亿欧元的罚款，个人投资
者则会被处以最高30万欧元的罚款。

2.法国监管部门的不法查核作业模式

巴黎泛欧交易所并不掌握个人投资者的账号、开户资料、买卖明
细等信息，只具有个人投资者的合作方——券商的撮合交易资料。所
以当巴黎泛欧交易所发现可能涉及违法交易的事件时，应请相关券商
提供相关个人投资者的资料。巴黎泛欧交易所在收到个人投资者资料
之后，应立即对这些资料进行汇总整理，随后交于金融市场管理局。
在整个不法查核过程中，巴黎泛欧交易所具有监管、提交材料、对事
态进行初步研判的权利，但并不具备对事态最终的裁定权。

具体来说，金融市场管理局对股票市场交易行为的监管，是由其
市场监管部（Investigation & Market Surveillance Division）实现的。
当市场监管部在例行市场监督、上市企业重大信息监督，以及投资者
举报的情况下，发现疑似违规交易形态时，就会进行调查。市场监管
部的成员包括金融市场管理局职工、外部稽核人员、法学学者以及其
他人员或机构。

调查程序完成后，市场监管部会将调查报告递交金融市场管理局
董事会。若金融市场管理局董事会决定诉诸法律，就会将相关案件转
交给执法委员会（Enforcement Committee）。若有证据表明在相关
案件中存在犯罪行为时，金融市场管理局董事会会将调查报告呈递给
检察机关。

3.法国监管部门的跨市场监管

1990年，法国证券及期货联合管理局（COB）得到了对外国证券交易所开展监管的许可，但该机构的跨市场监管活动，须以专业而秘密的跨市场互惠约定为前提。2003年，法国证券及期货联合管理局被并入法国金融市场管理局，其跨市场监管职能也开始由法国金融市场管理局行使。

（1）针对股票及其衍生性产品的跨市场监管制度

金融市场管理局对权证等股票衍生品的监管体系，与其对股票的监管体系相同，所以金融市场管理局对于股票衍生品并无纯粹量化的判断标准。当某个股票衍生品的价格波动过于剧烈时，金融市场管理局的工作人员会调出该产品的Delta值（即产品价格相对于标的物的变动值），并将当前的Delta值与以往的Delta值做比较，从而判断相关股票衍生品是否存在违规交易。

现实中，金融市场管理局对股票衍生品的监督力度并不是特别大。因为在该机构看来，股票衍生品的定价机制已经决定了做市商不可能冒着遭受损失的风险，做出非理性的定价。

（2）跨市场监管信息共享机制

对于在法国境内开展的跨市场监管作业，不同交易所之间会通过互派市场监督代表来进行沟通和协调。而对于欧洲范围内的国际化跨市场作业，法国金融市场管理局则通过和荷兰、比利时、葡萄牙等国金融监督机构签署的合作备忘录，来协调各国的证券法律环境。

4.法国监管部门的特别规定

法国监管部门的特别规定包含以下4个方面。

（1）跨太平洋信息共享机制

除了欧洲范围内的跨市场信息共享机制，法国股票市场监管机构还和大洋彼岸的美国、加拿大等国的金融市场监管部门建立了合作关系。双方对市场信息的共享范围，不仅包括异常交易信息，同时也包括各交易所的财务信息。

例如，2009年10月，法国金融市场管理局和美国金融产业监理局（Financial Industry Regulatory Authority，缩写为FINRA）签订了双边信息共享协定备忘录。而后又在2014年3月，法国金融市场管理局和美国商品期货交易委员会（Commodity Futures Trading Commission，缩写为CFTC）、加拿大银行（Bank of Canada）、安大略证管会（Ontario Securities Commission）以及加拿大哥伦比亚省证券管理协会（British Columbia Securities Commission）共同签署了双边信息共享协定备忘录。

（2）对投资顾问的监管

最新版的《金融安全法》（Financial Security Act）将金融投资顾问（Financial Investment Adviser）划入了金融市场管理局的监管范围。而金融市场管理局对金融投资顾问的监管是通过该部门设立的咨询委员会实现的。咨询委员会每届任期3年，其委员共有5名。咨询委员会的主席和副主席必须同时是金融市场管理局的董事。

（3）对评议机构的监管

法国金融市场管理局在每年的特定时点，会发布对市场中主要评级机构的监管报告。在报告中，金融市场管理局会从角色、行为规范、评议方式、市场影响以及信息透明度这5个角度对各评级机构一年来的表现进行详细点评，以供投资者参考。

（4）评议官

法国金融市场管理局在各市场指派有评议官（Obudsman）。评议官的主要职责是对非专业投资者（如散户、非营利机构等）开展证券知识教育，并协助后者开展交易、转账、资产管理等操作。

5.7　企业在法国上市的后续事宜

不仅仅是英国，法国市场的规则制度也与德国不同。所以，我国的上市企业如果赴法发展，还需进行有针对性的了解。

1.法国的信息披露

与英国证券由"定期披露"和"不定期披露"两种方式组成的信息类型相比，法国的信息披露时间要简单得多——所有企业信息一律定期披露。而对于在法国上市的企业来说，其需要向全社会公开的信息包括但不限于：年度财务信息；期中财务信息；市场监管部门要求公开的股东变动情况（如拆分、合并股票仓位或赎回部分乃至所有的股票）；经营业务变更情况；公司章程修正内容；股东大会开会事项；发行或购买任何金融产品的有关事项；资产重组事项及有关文件（如与公开收购或兼并其他企业有关的说明书）；分派股息或分红的计划；分派股利计划；企业清算、破产、解散以及通知付款的有关事项；企业名称变更情况；企业在所有金融交易市场所获得的交易许可；其他在企业内部发生，且会影响到公司股票价格的重大事项。

根据《巴黎泛欧交易所规则手册》（*Euronext Rule Book*）的有关规定，上市企业在面向社会披露内部信息时，同时应给予市场监管机构足够的研判、处理时间，从而维护普通投资者的利益和市场交易秩序。所以在现实中，法国上市企业在全面披露内部消息日期临近时，往往会将有关信息秘密地、提前地通报给巴黎泛欧交易所、法国金融市场管理局等监管机构，提前时间至少为两天。

2.法国上市企业的纳税要求

法国企业所要缴纳的税种主要为公司税。而除了公司税，法国企业还需向政府缴纳增值税，该税税率一般为19.6%。

（1）公司税缴纳范围

凡是在法国境内开展商业活动的企业法人（包括但不限于股份有限公司、一般有限责任公司、个人有限公司、股份两合公司等），无论其业务属于何种类型、总部在何处，均需向法国政府缴纳公司税。

（2）公司税缴纳方式

法国企业一般会在每个季度初期，在公司预算中提前支出一部分资金缴纳其公司税。公司税的征收对象是企业，而不是经营该企业的合伙人。公司税税率与交税企业的营业额挂钩。若缴税企业的组织形式为集团公司制，则子公司的营业额可被纳入母公司，统一计算相应的公司税。

（3）公司税税率

法国公司税税率的具体内容如表5-7所示。

表5-7　法国的公司税税率

标的	税率
税前营业额大于或等于763万欧元	33.13%
税前营业额小于763万欧元	·38120欧元以下的利润（即前部利润）按15%纳税 ·剩余部分按33.13%纳税
房租收益、农业收益、林业收益、一部分资本收益	24%
长期资本收益	8%—15%

（2）公司税优惠政策

当出现以下4类情况时，企业的公司税可获得减免：新建企业，营业前两年免交公司税；对于企业的研发支出，其公司税可享受加计扣除（即在实际产生数额的基础上，再按一定比例扩大计算基数，以增加税前应扣除的金额）优惠；企业应缴税额低于3000欧元；企业处在亏损的状态。

3.法国对券商的管理

法国对证券商的管理主要是通过政府部门实现的，而不是由券商自律组织主导的。这些政府部门包括法国金融市场管理局、证券与期货管理委员会、法国银行管理委员会。

（1）对自有资金的要求

针对券商的自有资金情况，法国银行管理委员会做出了以下规定：券商的自有资金必须达到其总运营资金的25%以上，客户的仓位应在自有资金的150倍之内；对巨额资金风险（large exposures）进行专项监控；单一客户所持有的股票仓位必须在自有资金的15倍以内；券商打算减资时，应事先取得法国信用机构和投资公司委员会（CECEI）的许可，以防止减资行为影响到自有资金。

（2）对证券从业者的管理

针对证券从业人员，证券与期货管理委员会做出了以下规定：综合考量客户的利益与证券市场的整体利益，诚实、公平地开展业务；积极了解客户的资金状况、投资经验以及投资目标等信息；在一定限度内，披露与客户有关的交易信息；尽量协调各方的利益诉求，当客户与券商或其他金融机构的利益冲突难以避免时，公平对待客户；遵守一切业务准则，从而确保客户的利益和证券市场的总体利益。

4.巴黎泛欧交易所的退市安排

（1）退市标准

上市企业若出现下列情况，应主动向巴黎泛欧交易所提出退市申请：上市公司直接违反巴黎泛欧交易所规则手册中的规则，或未履行上市申请书中所划定的义务；因资产清算、公司破产、企业并购或解散而导致上市企业不再具备独立上市资格；经巴黎泛欧交易所认定，上市公司股票若继续上市将危害市场公平、扰乱交易秩序、拖累市场效率；清算机构无法对上市公司的股票进行有效的结算；公司股票因转换或交换而下市；金融市场管理局等金融市场管理机构，认定上市公司做出了危及巴黎泛欧交易所声誉的行为；公司的管理层被列入欧盟制裁名单，或被法国外国资产管理局剥夺了进入资本市场的权利；外部资本所掌握的企业股份已占到企业总发行股份的9成。

若上市企业不主动递交退市申请，巴黎泛欧交易所也会根据实际情况启动对上市公司的退市程序。

（2）退市形式

当巴黎泛欧交易所决定对上市企业启动退市程序时，会将指定的退市日期提前告知给上市企业，并同时向市场公开。当上市公司的股票退市时，相应的股票衍生品也会随之退出金融市场。

（3）退市费用

上市公司的退市费一般为1万欧元。但在以下3种情况中，上市公司无须缴纳退市费：公司被并购，且并购方打算近期实施首次公开募股；上市公司只在巴黎泛欧交易所上市；已经退市的股票被上市公司转化为新的股票，继续在市场中交易。

第6章

其他欧洲国家上市概览：除了英、法、德的其他选择

虽然，我国企业在欧洲上市，都会将第一目标放在英、法、德三国上，在这三国上市也已经有了很多成功的先例。但殊不知，欧洲还有很多国家，同样有很大的融资空间与发展潜力。如果我国中小型企业不想在英、法、德上市，或者无果后，大可以将目标放在其他国家的证券市场。

6.1 另辟蹊径，奔赴欧洲其他资本市场

能和爱马仕、雷诺、家乐福、达能、阿迪达斯、奔驰、彪马、西门子、劳斯莱斯这些驰名全球的欧洲品牌一道在欧洲资本市场中开展融资业务，对于很多中国企业来说，可谓是展示自身形象的绝佳途径。

其实，不仅仅是英、法、德三国，随着时间的推移，国内企业对欧洲市场的认知日益加深，越来越多的欧洲国家成为国内企业上市的选择目标。除英、法、德这三个传统意义上的西欧大国外，荷兰、卢森堡、比利时也是一时之选。除此之外，欧洲其他地区的国家也具有投资的价值或潜力，如东欧的波兰、乌克兰，南欧的意大利，巴尔干半岛的阿尔巴尼亚、塞尔维亚、希腊、黑山等国，都可以作为中国企业的投资目的地国。

1.团队配置

中国企业如果有意向在欧洲其他国家上市，所需要做的准备与在德、英、法三国上市大致相同。在人员配置方面，欧洲其他国家的金融市场对于企业上市的团队要求与德国大体相同。可以说，在德国上市需要找哪些盟友，在其他国家上市也要找哪些盟友。分工的细化必然需要更多的协调和默契，因此我们建议国内企业在物色好上述合作者之后，应当第一时间将各个参与者集合起来，就上市问题进行充分地沟通，从而达成行动上的共识。

2.市场分类

除了德国和英国，欧洲其他国家的股票交易所也有诸如"初级——中级——高级"或"主板——创业板"这样的市场分类。中国企业可以根据自身的实力和需要，灵活选择具体的上市切入点。

3.保管机构

除英、法、德三国外，荷兰、比利时等其他欧洲国家的证券市场也设立了专门的集中保管机构。这些机构的存在不仅为投资者持有的资金和股票提供了保障，也为市场的有序运行提供了支持。

4.保管作业

挪威、卢森堡等国的证券保管作业和英、法、德的做法趋同，都是以证券的发行方式为出发点，上市公司若采用非实物发行，则相应地采用电子存储，上市公司若采用实物发行，则相应地采取金库实地存储。

5.股务作业规则

卢森堡、奥地利等国证券市场的股务作业规则，与德国证券市场类似，总体上都遵循着股东自主选择和保障投资者利益的原则。

可以看出，欧洲其他国家的市场分类、政策、机构都与英、法、德三国基本相同。所以，中国的中小企业如果想要在其国家上市，并不需要做额外过多的理论准备。但在很多细节处，各国还是有细微的不同之处。下面就以荷兰为例，让我们来了解一下我国企业如果选择在荷兰上市，应该注意那些方面。

6.荷兰证券市场关于对会计原则的要求

阿姆斯特丹证券交易所建议所有股票发行者所公布的财务信息，

要根据国际会计准则进行编制。并且，所有股票发行者关于下半年度的账目，也要依据荷兰所认可的会计原则进行编制。

如果在荷兰上市的外国企业使用的是美国所认可的会计原则，或者是国际所公认的会计准则，则可以不根据荷兰的会计原则进行改变。

7.荷兰证券市场关于财务报表与披露要求

所有上市的大型企业、新型经济公司，或者是只为一次项目而创建的公司，都一定要将真实的季度数据公布出来。

在荷兰所有的上市公司都需要在上市合同中所规定的时间内，提供出公司所有的经营成绩、经营活动的中期报告、年度报告以及年度账目。

除了上一条中所提到的中期报告、年度报告以及年度账目外，在荷兰上市的公司最好还要公布出每一个季度的数据。另外，如果上市公司发生了有可能导致股价波动的事件，或者是在股权方面出现较大变化时，都需要在第一时间进行公布。

6.2　不同的国家，不同的市场环境

随着我国经济、科技、文化的不断发展，我国在国际舞台的地位也与日俱增。近年来，世界各国与我国除了在政治与文化上的沟通之外，经济上的交流与合作也日益频繁，越来越多的国家都看到了我国企业的实力与潜力，纷纷抛出了橄榄枝，欧洲的国家自然也不例外。在这样的大环境下，我国众多企业也纷纷走出国门，开辟了新的市场。如今，在越来越多的国家的证券市场中，都能够看到我国企业活跃的身影。

并且，既然在欧洲的其他国家所需要的上市条件与各项规定都大致相同。那么这时国家的政策方针、经济走向以及市场对我国企业的认可度，就成为影响国内企业做出选择的几个重要因素。

1.西班牙的市场环境

不同于德、英、法三国早已经被国内各大企业熟知，西班牙市场是近年来才逐渐走进我国中小企业的视野，成为一个选择的方向。除了国与国之间经济的合作，仅仅是我国企业在西班牙的投资金额，截至2016年，就已经超过了120亿元人民币。在这样的环境下，我国中小型企业如果赴西班牙上市，自然会减少很多阻力。

之所以近年来西班牙成为我国许多企业投资的目标，主要是因为西班牙在2008年全球金融危机后，国内众多产品价格大幅度降低，使得国外企业得到了获利的机会。目前，我国企业在西班牙主要的投资项目大多集中在食品、娱乐、金融等方面，西班牙世界一流的足球水平也成为我国企业的投资方向。除此之外，西班牙的基础设施、航空等领域也越来越多地看到了我国企业的身影。西班牙已经成为我国企业在欧洲投资的首要目的地之一。

2.芬兰的市场环境

芬兰与西班牙一样，地处北欧，与我国建交多年，与我国关系一直呈稳定、友好的状态。其实，芬兰无论是从国土面积还是人口上来看，都称不上是一个大国，但是芬兰靠着强大的创新能力，使自身成为一个强国。无论是在能源、环保领域，还是在电子电器、金属、工程等领域，芬兰都拥有着非常高的水平，处于世界一流位置。

随着我国与芬兰的合作日益增多，截至2017年，我国已经成为芬兰的第五大贸易伙伴。我国领导人也多次友好访问芬兰，就两国之间的合作进行了更加深入的交流。目前，我国与芬兰在环保、节能、信息技术等方面都已经开展了合作，以后两国在经济、技术等方面的交流还会更进一步。

由此可见，芬兰市场对于我国的企业来说潜力巨大。相信我国的中小企业前往芬兰上市，如果能够站稳脚跟，会取得不俗的战果。

3.比利时的市场环境

比利时与英、法、德三国一样，属于西欧国家。比利时与我国建交多年，并且在2014年，两国还建立了全方位的合作伙伴关系，交流、合作更加密切。在欧洲的诸多国家中，比利时是我国的第六大贸易伙伴。据数据显示，截至2016年我国与比利时之间的贸易金额，已经达到了1400亿元人民币。

在外交方面，我国与比利时的领导人都进行过多次访问，并表示了对对方市场潜力的认可。并且，比利时首相夏尔·米歇尔也曾多次表示，比利时非常欢迎我国的企业前往比利时投资。在这样的背景下，相信我国企业在比利时，无论是对市场环境，还是基础设施的建设等方面都不会失望。

　　并且比利时在2018年，还在企业税方面进行调整。无论是大型企业，还是中小型企业，所需要缴纳的税款都将大幅度降低。这个消息，对于中小型企业来说无疑是特大利好消息。由此可见，我国企业如果选择比利时作为上市地点，可谓占据了天时地利，相信一定会有非常好的发展空间。

后记

近年来，随着我国经济实力的突飞猛进，国内资本市场也愈发成熟，竞争日益激烈。可以预见的是，这种竞争在未来必将更为残酷。在这样严峻的环境下，企业想要在市场中生存下来并占据一席之地，就必须要有更为雄厚的资金作后盾。这对于很多中小型企业来说，融资上市就成了一条势在必行的路。

其实国内有非常多的有潜力、有理想的企业，但是这些企业中有很大一部分受制于资金而无法壮大，甚至无法生存。他们并不是不想上市，不敢上市，而是他们无法上市，或者说无法在国内上市。

如果可以选择，我相信国内绝大部分的企业都会选择在本土上市。毕竟，如今我国人民的经济实力迅速提高，股民的队伍更是日益壮大，在国内上市能够吸纳更多的资金。并且，每一家企业也都希望通过自己的努力为企业的股东赚取红利。但是，目前国内上市难也是不争的事实，较高的门槛拦住了一批又一批想要上市的企业。不过，国内较高的上市门槛我们或许无法改变，但是通过这本书，我们却可以将境外融资壁垒尽数击溃。这也正是我创作这本书的初衷。

既然上市是必行之举，国内上市又是一时之间无法达成的路，此时唯有另寻战场，在境外找到一条新的融资之路。经济发达，文化多元的欧洲对于许多国内的企业来说，无疑是一块非常具有诱惑力的蛋糕。但同时，欧洲诸国不同的国情，证券市场不同的政策，不同的监管力度对于那些"人生地不熟"的国内企业来说，有机遇的同时也有